高韧性社会

应对不确定危机的八种能力

周园 等/著

中国出版集团
中译出版社

图书在版编目（CIP）数据

高韧性社会：应对不确定危机的八种能力 / 周园等著 . -- 北京：中译出版社，2021.2
ISBN 978-7-5001-6539-2

Ⅰ . ①高… Ⅱ . ①周… Ⅲ . ①公共管理—危机管理—研究 Ⅳ . ① D035.29

中国版本图书馆 CIP 数据核字（2021）第 004163 号

出版发行：中译出版社
地　　址：北京市西城区车公庄大街甲 4 号物华大厦六层
电　　话：（010）68359827；68359303（发行部）；
　　　　　68005858；68002494（编辑部）
邮　　编：100044
电子邮箱：book @ ctph. com. cn
网　　址：http://www.ctph.com.cn

策划编辑：于　宇　郭宇佳
责任编辑：于　宇　郭宇佳
封面设计：仙　境
排　　版：聚贤阁

印　　刷：北京顶佳世纪印刷有限公司
经　　销：新华书店
规　　格：710mm×1000mm　1/16
印　　张：20.25
字　　数：258 千字
版　　次：2021 年 2 月第 1 版
印　　次：2021 年 2 月第 1 次印刷

ISBN 978-7-5001-6539-2　　　　定价：69.00 元

版权所有　侵权必究
中　译　出　版　社

目　录

序　一　5
序　二　11
序　三　15
序　四　17
前　言　19

第 1 章　不确定的世界
第一节　全球性流行病成为周期性考验 -005
第二节　经济下行压力加大 -007
第三节　技术改变行业规则和界限 -009
第四节　社会割裂加剧 -010
第五节　地缘政治冲突升级 -013
第六节　人类面临的最大危险是什么 -019

第 2 章　高韧性社会
第一节　什么是韧性 -027
第二节　高韧性社会的框架 -029

第 3 章　能力一：提前预警
第一节　进行系统性扫描 -044

第二节　建立预警机制 -048
　　　第三节　推演与复盘 -058

第 4 章　能力二：敏捷响应
　　　第一节　建立敏捷响应机制 -070
　　　第二节　确保迅速精准出击 -075

第 5 章　能力三：指挥协作
　　　第一节　统筹分工，各司其职 -096
　　　第二节　横向协作，并肩作战 -101
　　　第三节　公私协作，共同应对 -107

第 6 章　能力四：动员沟通
　　　第一节　动员的力量 -119
　　　第二节　沟通的策略 -120

第 7 章　能力五：分散缓冲
　　　第一节　建立后备缓冲体系，应对潜在威胁 -132
　　　第二节　构建模块化结构，避免体系化崩溃 -142

第 8 章　能力六：多元包容
　　　第一节　塑造多元化组织，打造包容性文化 -162
　　　第二节　鼓励有限框架内的无限自由 -164

第 9 章　能力七：融合创新
　　　第一节　多问"如果"与"为何不" -176
　　　第二节　积极探索新技术、新模式 -181

第三节 打破组织边界，推动变革 -186

第10章　能力八：平衡致远
第一节 推动普惠兼容，带动平衡发展 -201
第二节 加强合规治理，确保长治久安 -206
第三节 重视道德规范，构建合规流程 -207
第四节 采取分类施策，维持经济活力 -209
第五节 加大环境投入，重视持续发展 -217
第六节 关注民生福祉，强化未来投资 -232

第11章　中国的韧性
第一节 社会韧性：应对危机的关键 -243
第二节 城市韧性：高质量发展的前提 -249
第三节 企业韧性：全球化时代的破局 -264
第四节 个人韧性：迎难而上的顽强力量 -276

第12章　构建高韧性社会，实现高质量发展
第一节 打造高韧性社会新范式 -279
第二节 高韧性社会与高质量发展 -289

后　记 293

本书参考报告 297

序 一

当今世界正经历百年未有之大变局,新冠肺炎疫情全球大流行使百年未有之大变局加速演变,世界正处在风险易发高发期,各种类型的黑天鹅和灰犀牛事件可能随时降临,带来更大的不确定性和难以预料的风险挑战。

新冠肺炎疫情全球大流行带来巨大冲击。回望2020年,新冠肺炎疫情给人类社会带来巨大创伤,"大封锁"模式造成生产停摆、供应链中断、贸易和投资萎缩,金融市场动荡,许多国家陷入困境。目前,全球疫情仍在发展,欧美发达国家出现二次反弹,一些新兴市场国家沦为新的重灾区。尽管疫苗已经开始接种,但疫情何时结束仍难以预料。从发展趋势看,疫情给人类带来的可能不仅仅是"暴风雪",更可能是漫长的"寒冬"。

全球经济陷入自"二战"以来最严重的衰退。新冠肺炎疫情引发全球经济深度衰退,收缩幅度超过2008年国际金融危机。为应对疫情冲击,主要经济体推出空前规模的财政货币政策,在避免经济衰退的同时,也造成全球债务水平急剧攀升。国际金融协会数据显示,全球总债务相当于全球生产总值的比值已从2019年底的321%跃升至2020年6月底的362%，这将增大后期引发另一场金融危机的风险。疫情后的"K形复苏"，造成收入差距扩大，社会不平等加剧，有可能强化本已上升的保护主义、民粹主义倾向，并将继续塑造全球政治格局。

新科技革命和产业变革带来"结构性变化"。以大数据、物联网、人工智能等为核心的新一轮科技革命迅猛发展，显示出惊人的力量。网络互联的移动化、泛在化，信息处理的高速化、智能化，计算技术的量子化、高能化，促使人类生产生活方式全面数字化。数字技术和人工智能的广泛使用，加快了机器人对中低端和程序化工作岗位的替代，在提高生产效率的同时，也可能引发社会结构的深刻变化。生物技术向精准医疗和再生医学方向发展，基因编辑技术日新月异，在给医疗健康技术发展带来新动力的同时，也可能改写生命伦理，带来难以预料的风险。

气候变化成为影响人类发展不可忽视的重要因素。近年来，全球气候变暖带来冰川融化、海平面上升、极端天气事件频繁发生等现象，对世界各国经济社会发展产生了重大而广泛的影响。化石燃料燃烧、森林面积减少等因素加剧了地球温室效应，全球变暖正在深刻影响和改变人类的生存环境，正在成为人类社会共同面临的重大挑战。自1992年联合国大会通过《联合国气候变化框架公约》，到《京都议定书》《巴厘行动计划》《哥本哈根协议》，再到2015年达成的《巴黎协定》，体现了国际社会不断凝聚共识、共同应对挑战的决心，但全球气候治理进程仍具有不确定性，人类社会仍面临气候变化的严峻挑战。

序 一

国际力量对比变化加剧全球政治格局演变。21世纪以来，新兴市场和发展中国家力量群体性崛起，国际经济力量对比发生重大变化。中国作为最大的发展中国国家，是新兴市场和发展中国家中增长最快的国家。亚太地区的经济地位进一步提高，"东升西降"的态势加速演进，国际经济格局将加速重构。美国视中国为战略竞争对手，对中国的战略遏制日趋强化，单方面挑起经贸摩擦、科技脱钩、金融施压，并在香港、新疆、南海、台湾等问题上频频制造事端。随着中国经济实力、科技实力、综合国力继续跃升，美国对中国的战略遏制与围堵将趋于长期化，并将深刻影响世界政治格局。

总之，世界正进入动荡变革期，进入更加不确定的时代。如何在更加动荡的世界中谋求发展，如何在更加不确定的时代加大确定性？正是在这样的背景下，构建高韧性社会日益成为社会高度关注的话题。

新冠疫情爆发后，波士顿咨询公司中国团队第一时间投入到应对策略研究中，启动一系列公益性项目，向政府部门提供咨询建议。在这个过程中，该团队与中国发展基金会共同推出积极应对全球危机、打造高韧性社会体系的报告，并在之后与各界交流中不断丰富报告内容，以在更全面及更广泛的层面对高韧性社会进行阐释。《高韧性社会》一书便是这一系列成果的核心内容。

本书大体可分为三大板块，前两章在分析外部环境深刻变化和面临更大不确定性的基础上，提出高韧性社会的内涵以及打造高韧性社会的框架结构，随后八章对高韧性社会的八种能力展开阐释，最后两章聚焦中国高韧性社会建设，进而对高韧性社会的新范式进行展望。全书的核心部分，也是最精彩的部分是高韧性社会的架构结构，即五大阶段和八种能力，以及与之对应的二十一条行动方案。

一是"危机识别"阶段，核心能力是"提前预警"，对应的行动方案是进行系统性扫描，建立预警机制，进行沙盘推演和复盘反思。

二是"快速反应"阶段，核心能力是"敏捷反应""指挥协作"和"动员沟通"，对应的行动方案分别是建立分级高效响应机制，科学决策、精准出击；形成中央与地方、各区域之间、公共和私营部门之间的协作配合；统一思想，发动基层，稳定民心、透明沟通。

三是"抗压恢复"阶段，核心能力是"分散缓冲"，对应的行动方案是建立后备体系，缓冲意外冲击；构建模块化结构，防止系统性崩溃。

四是"变化创新"阶段，核心能力是"多元包容"和"融合创新"，对应的行动方案是塑造多元化的组织，制定统一目标，把具体决策权下放到一线；积极探索新技术新模式，打破传统组织边界，大胆推动流程变革。

五是"布局未来"阶段，核心能力是"平衡致远"，对应的行动方案是加强前瞻性思维，培育可持续发展意识，平衡多方利益，设计科学的长效机制。

本书以新冠疫情为脉络，从社会、城市、企业、个人四个层

序 一

面将上述八种能力与中国社会韧性进行对应和评估，基本结论是中国在"敏捷反映""指挥协作""动员沟通""分散缓冲""多元包容""融合创新"等能力上更为突出，而在"提前预警""平衡致远"等能力上还有待提升，总体结论是中国社会在此次应对新冠肺炎疫情中表现显著突出，体现了第三方视角对中国社会应对外部冲击强大韧性的客观评价。

总之，本书以全新视角、创新思维、广阔视野，提出了构建高韧性社会的框架结构，并用大量生动案例，阐释了高韧性社会的八种能力建设的核心要义。全书立意新颖，逻辑连贯，语言流畅，可读性强。我相信，在当下应对新冠肺炎疫情的情况下，《高韧性社会》一书会带给我们很多有益的启示。

王一鸣
第十三届全国政协委员
中国国际经济交流中心副理事长
2021 年 1 月 10 日

序 二

长期以来，增长一直是世界各国及企业孜孜以求的目标，推动其不断做大做强、提效增速，实现财力跃升。纵观全球，许多政商领袖已达成这一目标，并年复一年不断予以完善及取得进步。相应地，企业的市值屡创新高，国家的经济规模不断扩大。

然而，新千年伊始，互联网泡沫即宣告破灭，随后纽约发生"9·11"恐怖袭击事件。在"VUCA"[①]时代，企业高管和政治人物不得不面对充满易变性、不确定性、复杂性和模糊性的世界。这期间金融危机席卷北美和欧洲，对经济造成巨大破坏。与此同时，各类自然灾害接踵而至：冰岛埃亚菲亚德拉火山喷发，福岛遭遇地震及由此引发的海啸，泰国洪水肆虐，澳大利亚、巴西和美国加州接连发生灾难性的森林火灾。雪上加霜的是，2020年爆发的新冠肺炎疫情迄今已导致几多万人死亡，几千万人感染病毒，实体企业遭受重创。目前，疫情危机依然尚未结束。

---

① "VUCA"是 volatility（易变性）、uncertainty（不确定性）、complexity（复杂性）、ambiguity（模糊性）的首字母缩写。

高韧性社会

上述事件无法提前预见，且所造成的破坏不可估量，不但摧毁经济，还颠覆了曾经久经考验的固有工作模式。然而，政商领袖必须直面这些全新挑战，除此之外别无他途。为确保本国/企业的长治久安，他们有责任大力贯彻稳增长方案，以满足消费者及民众日益高涨的期望，并实现效率最大化。在此过程中，许多企业和国家遭遇重重挑战。细究其中缘由，不外乎下列因素：若要保障一切正常运行，所有事物必须沿既定目标有序推进，容不得半点差池；无论某一疏漏错误或突发事件多么微不足道，都有可能造成巨大的负面影响，危及整个企业或国家。

波士顿咨询公司始终致力于积极帮助企业和国家适应这一颇具挑战的新常态。作为我们长期咨询经验的集大成之作，《高韧性社会：应对不确定危机的八种能力》凝聚着波士顿咨询公司海内外同仁的心血智慧，通过回顾全球领袖在近期新冠疫情以及过往种种颠覆性事件中所采取的措施，总结梳理了一系列最佳实践。该书主要旨在提供一套用于思考及反思企业和国家"运作模式"的逻辑框架。正如作者所言，保持韧性是迈向成功的关键。所谓韧性，指的是有能力承受任何不期而至的突发事件造成的冲击，无论其原因为何。一个真正富有韧性的企业或国家不仅能够泰然渡过难关，而且经历危机后将浴火重生，变得更加强大。

中国在本次新冠疫情危机中取得的经验尤其具有启迪意义。中央政府迅速出手，对武汉实施全面封城。结果令人惊叹不已。中国重新站稳脚跟，继续奋力冲击2030年成为世界最大经济体这一目标。新加坡和韩国等其他亚洲诸国也迅速效仿，果断采取措施。这些国家都对后疫情时代的世界满怀信心。与之形成鲜明对比的是，阴郁情绪在欧洲和北美各国蔓延。尽管以德国为代表的数个欧洲国家迅速采取行动，但其余国家未能及时出台防疫限制措施，致使医疗系统不堪重负。美国、英国和巴西等国的政要低估乃至无视疫情风险长达数月之久，直到最后关头，迫不得已才采取了较为主动的对策。

诚然，中国之所以能够雷厉风行用强力干预手段控制疫情，离不开中国独特的政治制度。这些手段在美国和欧洲民众看来几乎是不可想象的，更无法直接效仿采用。尽管如此，多年以来，中国在危机响应方面的确积累了丰富的经验。在2003年，成功对抗远早于新冠疫情暴发的、且实际杀伤力相对较弱的、曾在亚洲地区严重肆虐的严重急性呼吸系统综合症（SARS），中国所积累的宝贵经验可为各国政商领袖提供有益的启发。有鉴于此，《高韧性协会》的作者在书中呼吁，各国政要、企业领袖乃至社会公众，均有必要树立一种"随时准备就绪"的思维心态。当然这并不是说，人人都需要处于持续高度戒备状态。相反，每个人都必须明白，屡屡遭遇重大突发性事件是生活常态。这种共识一旦形成，当公众普遍预期未来某个时期有可能且不可避免地会爆发危机，政商领袖就有把握赢得民众的必要支持，以充分做好危机应对准备：从开展情景规划、建立预警系统，到动态模拟和实景演练，凡此种种，不一而足。

鉴于危机有无数演进可能，世界上不存在万全的准备。因此，在历次危机中，要保持国家、社会和企业组织的韧性，掌舵人必须审时度势，灵活应变：愿意根据情势发展，修正措施、调整方案、尝试新路，并承担建立备用要素，即保持适度冗余所带来的额外支出，以抵御突发性或颠覆性事件冲击，尽管这些事件也有可能永远不会发生。

《高韧性社会》是政商领袖必读的一本佳作，通过绘制蓝图规划，帮助公众适应这个充满不确定性的世界。正所谓"天道循环，无往不复"。即便我们战胜本轮全球疫情，未来仍不可避免会出现新的大灾，例如自然灾害、新一波疫情、金融危机。因此，各国政要和商界领袖应尽早采取应对措施。在任何情形下，我们都应该对未来抱有希望，但也请谨记：我们需要做好最坏的打算。国家或者企业领袖，有责任、更有义务为子孙后代提前构建起应对危机的最坚实且完善的基石。

汉斯－保罗·博克纳

波士顿咨询公司全球主席

2020 年 10 月

序 三

每当社会和其政府遭遇危机时，考验我们的是，不但需要学会如何应对危机，而且需要确保能在随之而来的各种影响中强劲地恢复。受新冠肺炎疫情影响的 2020 年可能是这一代人在这方面面临的最重要问题。当前，疫情仍在肆虐蔓延，未来可能出现的潜在性危机也开始露出端倪，气候变化就是其中最显著的一个例子。对此，不提前防备显然是不行的。

本书的出版提出了构建高韧性社会的蓝图和框架方案，恰逢其时。即使我们对如何规避未来的危机有很多想法，但也无法替代本书所提出的深刻思考。作者通过展示其成功的客户案例和研究成果，在书中提出了开创性的想法，并对解决危机提出了切实可行的指导建议。

然而鉴于世界此刻正在持续经历的复杂局面，我们依旧需要强大的政治和社会愿景来将其付诸行动。而巩固这一愿景的正是在不同社会领域间政府与民众所建立的信任关系。信任可以巩固双方的关系，使我们的政策和开创性的建议在拥有极高接受度和自信度的条件下得以实施。

正是这一要素创造出自下而上的社会资源有机调配的动力和实现高韧性成果的强大意愿。而信任来自那些拥有以正直为典范的人格魅力、基于相互之间关心和共情的社会联系为领导原则和在过去处理危机的出色表现能力为特质的领袖。

每一次危机都是一次提升信任的绝佳机会,而草率地解决这一问题会将其严重损耗。通过学习运用本书中的一些想法,我们将会很好地建立这一虚拟循环。

王文辉

新加坡企业发展局主席

序 四

犹如充满未知的"黑天鹅"一样，2020年真是不可思议的一年！毫无疑问，2020将会因其带给领导者、商业和政府的无限挑战而被载入史册。我们见证了这场危机，也经历了随之而来的一系列限制性措施如何影响民众自由、商业与社会，从生存到生活，从供应链到教育。恐怕没有人能够幸免于这次疫情的影响。

当疫情影响人们的工作和生活时，我们快速地运用了先进科技助力应对此次危机。然而，这也使我们开始再度关注社会中的不平等：那些对小企业、女性和女性领导的企业的不平等的冲击以及数字鸿沟。但这次危机也是我们有机会重新思考领导力、商业和政治的韧性的绝佳机会。

的确，韧性可能是面对危机和未知时展现领导力的最重要组成部分。正因为如此，本书基于波士顿咨询公司对高韧性社会的洞察分析，真是恰逢其时。同时，本书基于丰富的案例，系统阐述了应对危机的五个阶段和八种能力，并提出了切实可行的建议，很有说服力。其中的韧性框架更是为思考领导力以及危机后如何实现恢复提供了基石。

丽贝卡·玛利亚

马来西亚丹斯里

前　言

如何进行危机应对一直是人们反复讨论的话题。然而在近几十年的历史中，可能没有哪次危机比 2020 年新冠肺炎疫情更能引发整个社会对政治、经济、文化、社会等各个方面的反思。这是一次人类社会危机的高度缩影，其在短时间内所造成的影响之大、范围之广、层次之深不得不引发人们深深的担忧。但当跳出这个时间点，我们会发现社会的政治形态、经济格局、自然环境及社会文化正在以前所未有的速度改变，并且这些因素相互作用加速了事态的演进。

如果把 2020 年 8 月底前的全球新闻做一个简报，我们会发现这个简报里夹杂着众多让人震惊的信息：澳大利亚森林大火、新冠肺炎全球大流行、篮球传奇科比坠机、南亚蝗灾与洪水、美股熔断、黎巴嫩大爆炸等。

亿万网民天天都跟随着各种新闻头条和热搜"见证历史"。2020 年上半年，社交媒体上最热的标签之一是"重启 2020"，似乎迈过了 2020 年的坎，一切便会重回人们所熟知的既有轨道。

然而，一个可能的严峻的现实是，独立个体的突发事件总会过去，但"黑天鹅"漫天飞舞作为一种现象可能成为当今世界的新常态。经济整体下行、地缘政治冲突升级、社会割裂加剧、科技加速迭代、全球气候变化、大规模流行病爆发都进一步凸显了时代的不确定性。在多种内外部因素的共同作用下，随时会有"黑天鹅"降临的风险。

这并非一个耸人听闻的判断。究其原因，我们所处的世界正在发生着深刻的变化，这种变化在未来十年甚至更长时间内将很有可能使人类面对接踵而至的不确定性。

不确定性可能来自病毒。毫无疑问，人类将会控制住眼下的新冠肺炎疫情，降低其致命性，但在短期内我们无法将其根除。与此同时，在已被关起的病毒"恶魔"仍蠢蠢欲动时，未知的新病毒威胁可能已在途中。

不确定性可能来自经济。在多个国家的经济于2020年出现历史性萎缩后，未来十年经济形势不容乐观，尤其是全球经济面临的变数增多。

不确定性来自技术。技术冲出现有行业，打破行业壁垒，行业界限和规则都在发生深刻转变。

不确定性可能来自政治与社会。新兴市场国家力量崛起，世界既有秩序迎来变革，不稳定和冲突的概率大大增加。

不确定性也可能来自全球变暖等气候议题。环境被破坏的恶果已逐渐显现，谁都有可能在"明天"成为"气候难民"。

不确定性也可能来自科技。随着数字化技术的成熟完善，数据如何监管、应用与保护成为政府、企业与个人单位的难题。

前 言

世界在变，我们观察与思考世界的方式同样需要改变。站在历史的转折点上，我们必须剖析、理解外部环境发生了什么变化，这些变化正在如何影响我们，从而去寻求应对之策。

波士顿咨询公司（BCG）一直致力于解决复杂和影响力深远的经济和社会问题，在过去几年持续关注企业和社会应对日益增长的不确定性以及突发危机的新思路。BCG是一家成立于1963年的全球顶级管理咨询公司，在50多年间服务于全球超过80%的世界500强企业和政府组织，致力于从战略、运营、投资、组织变革到数字化转型等多重领域提供解决方案。

在近些年我们逐渐发现，客户除了对于传统竞争战略等方面的咨询需求外，越来越多的企业与政府，将如何应对不确定性和外界危机的冲击作为咨询的重要一部分。尤其在近五六年的时间中，几乎每个领域都在经历着挑战，研究和探索应对不确定性的需求愈加凸显，寻找可持续的趋势，打造一个高韧性的社会成为了社会共同关注的话题。同时，近年来，中央也不断提及"经济韧性""发展韧性""机制韧性""市场韧性"等。

新冠肺炎疫情暴发后，BCG中国团队第一时间投入对新冠肺炎应对策略的研究中。一系列的公益性项目被启动，旨在向政府和客户提供快速应对新冠肺炎疫情和恢复经济的建议。这其中包含10余场与各地政府就流行病的快速应对和建立高韧性社会行动的深入讨论，与大量来自不同行业的企业客户探讨不确定性下的危机管理和数字化机遇，采访BCG全球多个国家和领域的团队，与他们深入讨论和研究以往人类历史上同级别危机的经验，同时调用丰富的校友资源分享各个领域的第一手经验和见解。BCG 为一些政府机构提供了新冠肺炎战"疫"恢复举措、打造高韧性社会的建议。

随着新冠肺炎疫情的全球性蔓延，BCG 中国团队与全球团队还进行了上百次的积极互动交流，分享中国如何遏制流行病并通过增强抵御能力来恢复经济的经验和措施，共同为全球公共部门和私人部门的重启设计相关战略。

在此过程中，我们也与商界和社会领袖携手并肩，探讨了诸多经典话题与前沿热点，从不确定性的应对之策、产业低迷中的生存之道到改变国际贸易政策的趋势、疫情下各阶段的战略与行动指南，再到危机下的优势塑造与重生，我们参与并帮助大量客户应对最严峻的挑战，夯实韧性化的基础与能力。

我们在官方公众号上发布的一系列新冠肺炎应对的政府和行业报告在很短的时间内便收获了超过百万次阅读，获得了社会各界的高度关注。这让我们意识到在更广泛以及更深入的层面探讨高韧性社会的必要性与重要性。除了政府，社会、组织／企业、个人等各个层面对建设韧性都有着极大的需求。

因此，我们在疫情研究与建设高韧性社会体系基础上，延伸我们的思考，试图在更全面、更广泛的层面对高韧性进行阐述。除了与疫情危机相关的深入研究，在本书撰写的过程中，我们借鉴了 BCG 半个多世纪以来在各类型以及各行业项目中所积累的与高韧性有关的思考和洞察。同时，本书结合了 BCG 对全球众多行业的发展动态、竞争格局和未来趋势的深入研究成果。此外，我

前言

们还与BCG多个行业的全球意见领袖、行业专家、校友专家等就高韧性在自然界、生物界、文化艺术界等不同领域的各类危机以及危机过程中的不同阶段等多个维度进行了深层次的探讨和洞察。BCG真诚地希望能够为每一个有需要的社会成员更好地发展保驾护航，帮助大家实现卓越发展。

循着大脑中的"旧地图"，我们一定找不到"新大陆"，而"新地图"又是什么？那些我们习惯的世界运行范式正不断被颠覆，思考方式也不断为各类突发事件所挑战。过去的经验正变得越来越难预测未来。未来十年，我们的生存指南是什么？我们认为，必须通过固本强基，系统性提升应对能力，锻炼自身韧性，方可制胜未来。结合全球上千个项目经验，我们总结了应对未来不确定范式的"新地图"，分为五大阶段的八种能力和二十一条行动方案，提供政府、城市、企业与个人四方面的行动建议。

为了与读者进行更有效的思维互动，本书将首先梳理外部环境的不确定性及其变化，然后从高韧性的内涵出发，理解打造高韧性社会的关键阶段和核心能力，进而对每个阶段和核心能力展开详细的说明和阐释，再从新冠肺炎疫情各国的应对，分析中国高韧性社会建设的优势与提升举措，最后通过探讨危机中的机遇展望高韧性社会的新范式。

第 1 章
不确定的世界

"如果你能坚持足够长的时间,就会看到市场上的一切。但我活了89年,没见过这种场面。"伯克希尔·哈撒韦首席执行官(CEO)沃伦·巴菲特在2020年3月10日接受采访时这样描述金融市场正在经历的震荡与恐慌。

2020年3月9日,美股开盘后即全线暴跌,标准普尔500指数一路暴跌至7%的熔断基准指数,触发熔断。这是美股自1987年设立熔断机制,于1997年首次触发熔断整整23年后,美股历史上第二次熔断。然而噩梦才刚刚开始。3月12日、3月16日、3月18日美股又经历了三次熔断,创造了两周内触发四次熔断的骇人听闻的历史。

或许2020年新年钟声在东京塔、悉尼港湾大桥、巴黎埃菲尔铁塔、纽约时代广场敲响时,没有人会想到,人类即将面对一场百年不遇的大流行病,更不曾预想到贸易摩擦、油价暴跌、股市熔断、全球航班停飞等情况的出现。

已发生的这一切无时无刻不在挑战着人类的认知极限。我们曾以为怀揣科技无往不利的人类,面对病毒之时也会战无不胜;

我们曾以为只有医疗体系、社会治理不够完善的发展中国家才会在面对大危机时束手无策；我们曾以为这个世界已经不可分割地连为一体……然而2020年仅仅几个月的时间，所发生的一切就打破了人类的幻想。

三次普利策最佳专栏奖得主托马斯·弗里德曼在专栏中写道："我们这个世界已经有了'冠状病毒前的世界'和'冠状病毒后的世界'的划分。"他称新型冠状病毒的暴发为"我们新的历史分界线"。

在这场新冠肺炎疫情中，不同的国家都要解答同一道难题，而评判这道难题的得分又如此清晰：感染率、病亡率、失业率、国内生产总值（GDP）下滑幅度等几个无法隐藏的指标。各国政府的应对举措和效果清晰且难以辩驳地展示在每一个人面前。飙升的感染数字与病亡数字、震荡反复的疫情、剧烈下滑的经济指标等深刻地影响着各国的政治、经济走向，一些国家因此面临信任危机。这场危机甚至让人们不得不重新思考，人类在不同体制下的政治文化与社会治理规则。

如果说流行病因其高传播性而被全球关注，那么那些潜移默化的、难以逆转的重大威胁则无时无刻不在影响着人类的生存与发展——经济下行压力加大、社会割裂加剧、地缘政治冲突升级、气候变化及自然灾害等正在深刻地影响着每一个人。

第1章 不确定的世界

第一节 全球性流行病成为周期性考验

当新冠肺炎疫情袭来，人们想起了比尔·盖茨曾经的警告。这位微软公司创始人、前世界首富在2015年埃博拉病毒肆虐时就曾警告，未来可能出现传染性远高于埃博拉病毒的新型病毒，相比战争它更可能在短期内夺走超过1 000万人的生命。

2018年与2019年，比尔·盖茨又多次发出警告。同时，他捐资建立疾病模型组，试图通过计算机技术预测该如何应对疫情方面的变化，预测结果显示未来流行病的威力甚至会大于1918年的大流感，因为相比那时，现代交通的便利程度已是当时的50倍。

截至2021年1月，新冠肺炎疫情全球累计确诊病例已超过9 000万例，其中，死亡病例已接近200万例。2003年出现的非典、2009年暴发的H1N1型流感、2014年肆虐的埃博拉病毒，直到2019年开始酝酿暴发的新冠肺炎，世界卫生组织定义的全球大规模流行病正从100年前的40年一遇，急剧缩短至5年一遇，频率翻了7倍。而21世纪以来疫情甚至有频繁暴发的趋势，病毒感染的人数也随着更加便利的交通而猛增，从此前的亿级跃升至十亿级。

全球城市人口密度不断增加，人们更多活动于室内等狭小密闭的空间，人口在区域间的流动越来越频繁，也导致病毒流动传播的可能性加大。

同时，人类在经济发展过程中的一些短视行为挤占了野生动物的生存领地，导致气候和生态环境的恶化，进一步加速了新病毒出现的可能性。正如影片《传染病》末尾揭示的那样：成排的大型挖掘机挖倒了丛林中的树林，蝙蝠被迫离开栖息地，飞入了农舍的猪圈，受到感染的猪被送上人类的餐桌，而病毒则经由一位处理过屠宰猪的厨师传染给了人类。

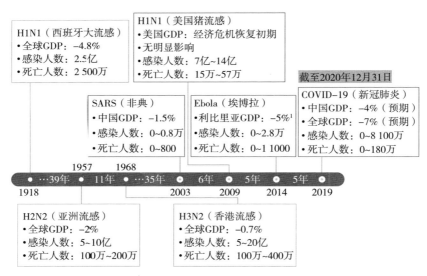

注：1. 死亡人数、感染人数均为全球感染人数；2. GDP降速受大宗商品价格与疫情共同作用；3. 普通流感多发生于秋冬季，H1N1发生于春夏季并一直持续。

图1.1 全球性流行病成为周期式考验（截至2020年8月4日）

资料来源：公开资料，文献检索，BCG分析。

恶果终要由人类自己承担。新冠肺炎疫情的全球大流行带来的巨大冲击及其防控措施造成的经济停摆，使世界经济陷入了严重萎缩。根据IMF（国际货币基金组织）的估算，全球经济2020

第1章 不确定的世界

年将萎缩 4.9%，这将是第二次世界大战以来影响程度最深的经济衰退。

而当全球还正在面对新冠肺炎疫情带来的恐惧时，我们就要为下一道命题寻找答案：如果 5 年后传染性更强、杀伤力更大的病毒再度来袭，个人、企业、政府与社会能否作出抵抗？

第二节 经济下行压力加大

如果将全球经济的观察区间拉长到 60 年的时间长度，我们会遗憾地发现，整个世界经济正处于低潮之中。

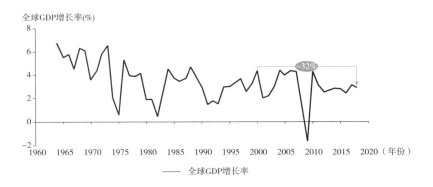

图 1.2 全球经济增速显著放缓且不确定性增大

资料来源：联合国世界银行，OECD 官网，BCG 分析。

第二次世界大战以来，特别是冷战结束以后，伴随着经济全球化带来的全球生产分工、贸易自由流通及科技资源共享，世界经济获得了快速增长。尽管全球经济时常因为周期性的经济危机而陷入谷底，但每一次都能浴火重生。至 2008 年前，世界经济虽时有波动和下滑，但总体维持在 4% 以上的增长水平。

这一局面被 2008 年全球金融危机彻底改变。当年，自华尔街产生的金融风暴导致全球经济增长率降至 –1%，随后出现经济全球化停滞、逆全球化趋势抬头、经济增速反弹后又迅速下降、整体经济环境动荡加剧的局面，即便是史无前例的最大全球央行量化宽松政策也未能解决经济疲软的情况，货币政策刺激效果不断减弱。

在经历了长达 10 年的恢复后，2018 年世界银行原本对当年及以后的全球经济持乐观预期，然而这种乐观预期没能维持多久，在 2019 年全球经济增长率又再度下滑。根据 IMF 2019 年的预测，2020 年世界 GDP 增长率仅为 3%，是 2008 年全球金融危机以来的最低水平。

过去二三十年间，作为全球经济增长发动机之一的中国，随着经济日益成熟和人口红利的消失，其 GDP 的增速也逐步放缓，从 2007 年的 14.24% 降至 2019 年的 6.11%。

2020 年，由于受到新冠肺炎疫情的冲击，世界主要经济体不得不在一段时间内停止经济运转以应对疫情。而在美国，疫情又叠加了种族问题等多种因素影响，2020 年第二季度 GDP 环比下降 32.9%，创下 1940 年以来的最大跌幅。

数字不仅仅是冷冰冰的数字，每一个微小的降幅背后都代表着千百万个企业的倒闭与数千万名劳动者的失业，以及数百万个家庭深陷泥淖。宏观经济下行加大了企业和个体发展的不确定风险。

如何走出"经济泥淖"，下一个高增长推手"路在何方"？

第 1 章 不确定的世界

数据同样还显示出一个残酷事实。根据波士顿咨询研究，全球企业的繁荣周期越来越短，从 20 世纪 70 年代的 55 年已经缩短至 2010 年的 31 年。与此同时，企业的平均寿命也在逐步缩短，尤其是中小企业面临的倒闭风险正在不断加剧。

中小企业往往是经济体中紧跟时代浪潮、最具活力的一部分，然而，由于其业务单一、供应链体系较为单薄、资金链环环相扣、技术壁垒较低而竞争者众多，所以抗风险能力较差，最终表现为生命周期短。

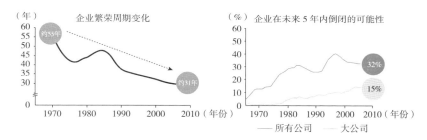

注：1. 在美国的证券交易所上市的全部 Compustat 公司，并与 S&P Capital IQ 创建年份的数据相配；2. 约 35 000 家美国公司数据，基于 BHI 公司倒闭风险计算器，请参见 http:/hbr.org/2016/01/asssment-is your-company about to fail；3. 年收入在 10 亿美元以上的公司。

图 1.3　企业的繁荣周期与战略风险

资料来源：COMPUSTAT 数据库，BHI 分析，BCG 亨德森智库。

第三节　技术改变行业规则和界限

新的技术层出不穷。未来 10 年，三大数字化技术（物联网、人工智能与移动互联）的不断成熟将使虚拟世界和现实世界不断交汇融合，而大数据将成为核心资产。数字化等先进技术与实体资产紧密结合，已经并将会对很多传统行业带来不可估量的影响。

大量新的玩家涌入，许多游戏规则被改写，传统的商业模式则发生根本性的演变，很多企业的核心竞争力受到挑战。在消费品、金融服务、汽车等诸多行业，传统企业的护城河几乎一夜间消失，企业未来何去何从？

第四节　社会割裂加剧

2020年5月25日晚，一段视频开始在美国社交媒体广泛流传。画面显示3名警察将一名叫作乔治·弗洛伊德的黑人男子按倒在地，其中一名警察用膝盖压住弗洛伊德的脖子，弗洛伊德频频呼救，不断挣扎、呻吟，哀求警方移开膝盖，但警察始终无动于衷，直至跪压导致男子死亡。

抗议和骚乱随后席卷全美各大城市，甚至蔓延到了英国等其他国家。围绕着"Black lives matter！"这个过去10年曾不断出现在美国种族抗议现场的标语，对黑人生存状况的重新审视在各个领域铺展开来。

新冠肺炎疫情的突然暴发撕开了"地球村"多年以来和谐共处的表象。尽管尚未有科学权威的最终定论，但关于疫情的互相指责已然在全球范围内导致了仇恨和排外的情绪，加之部分政党借机推销其民族主义政治观点，甚至引发了针对少数种族的暴力袭击,对个人和企业的财产乃至生命安全造成隐患。

然而这些冲突并非孤零零的个例,在它的背后实际上隐藏着长期以来形成的巨大危机。

一、消失的中产阶级带来的"大分层"

2006年,被称为"日本趋势大师"的大前研一出版了一本名为《M型社会:中产阶级消失的危机与商机》的书。书中大前研一创造性地用"M"来比喻社会经济结构的两峰形态,一边是收入最高的一群人,另一边是收入最低的一群人,彼此相距甚远,而中间的下陷处便是收入中低的大多数人。

大前研一分析的是日本社会,曾经被认为是橄榄形(也有人称为纺锤形)的社会结构,也就是拥有一小批富人和一小批穷人,中间绝大多数是中产阶级群体,这一结构被认为是理想的社会阶层模式,这种结构的社会也表现出更强的稳定性。

但大前研一在书中的结论是,橄榄型社会正在远去,中产阶级减少、贫富差距加大的"日本式社会"正在到来。

记者比尔·毕晓普同样也注意到在美国出现的"大分层"现象。2010年左右,美国人之间的隔离已经不限于政治信仰和文化倾向,也出现在收入、教育、阶层等社会经济阶层的各个方面。

根据皮尤研究中心的数据,2000—2014年,美国229个城市中的203个城市都经历了中产阶级人口收缩;而美国中产家庭比例从

1971年的61%下降至2000年的55%，2015年首次跌至50%。

同样的情况也发生在欧洲，柏林世界经济研究所的报告显示，1991—2013年，德国中产阶级从60%降至54%。皮尤研究中心的另一份调查报告显示，包括挪威、丹麦等11个西欧国家中7个国家的中产阶级在减少。而国际劳工组织发布的一份报告也显示，2004—2011年，欧洲的中产阶级人数减少了2.3%。

所有这些研究结果都意味着，曾经被视为社会稳定器的中产阶级正在加速消失，世界稳定的压舱石正在被贫富差距一步步侵蚀。

二、头部阶级财富"世袭"严重，贫富差距加剧

《21世纪资本论》作者托马斯·皮凯蒂（Thomas Piketty）曾警告，美国正在退化成"世袭资本主义"的社会，那些亿万富翁的继承人主导着政治、经济和文化。随着财富集中在越来越少的人手中，制定经济规则的权力也越来越掌握在少数人手中。

美国智库政策研究所（Institute for Policy Studies，IPS）对福布斯美国400富豪榜的分析发现，美国最富有的400人中，有136人的财富来自上一代人，这一比例约占整个榜单的1/3。联合国报告指出，1981年，美国最顶层1%的人的收入是底层50%的人的27倍，这一比例在今天达到81倍。皮尤研究中心另一份数据显示，1963—2016年，美国上层家庭收入增长了90%，而底层家庭收入增长则不到10%。

这一趋势正在全球范围内发生。联合国报告指出，1983—2014 年，法国最富有的 1% 的人平均收入增长了 98%，而其他人的平均收入只增长了 31%；澳大利亚社会服务委员会和新南威尔士大学共同发布的《澳大利亚 2018 年收入不平等报告》显示，2003—2015 年，澳大利亚最富有的 20% 的家庭的平均财富增长了 53%，但最贫困的 20% 的家庭其平均财富则下降了 9%。

不仅如此，新冠肺炎疫情的暴发甚至进一步加剧了贫富差距。美国税收公平组织（Americans for Tax Fairness）和不平等计划政策研究所对《福布斯》的数据进行分析后发现，从 2020 年 3 月 18 日大部分州开始疫情封锁到 5 月 19 日，美国 600 多位亿万富豪的总资产从 2.948 万亿美元增至 3.382 万亿美元，增幅高达 15%。该报告指出，就在同一时期，美国超过 3 800 万人失去了工作，将近 150 万人感染了新冠肺炎，近 9 万人死亡。在其他新冠肺炎受害者中，还有超过 1 600 万美国人可能失去了雇主提供的医疗保险。低收入工人、有色人种和女性在卫生和经济危机的双重打击下遭受了不成比例的痛苦。①

第五节　地缘政治冲突升级

"世界处于百年未有之大变局"。正如这个判断所言，世界格

---

① *Tale of Two Crises: Billionaires Gain As Workers Feel Pandemic Pain,* May 21, 2020, *Americans for Tax Fairness.*

局正处于剧烈变化的时期。尤其是进入 21 世纪以来，受到 2008 年全球金融危机的冲击，已经持续了二三十年的世界单极化格局遭遇了挑战，世界主要经济体似乎都在重新定位自己的新角色。

作为全球唯一的超级大国，美国这个曾经对全球化无比热衷的国家，其国内掀起了一波又一波反全球化的声浪，贸易保护主义的浪潮此起彼伏；大西洋彼岸的英国虽然完成脱欧，但仍面临着重重困难，例如苏格兰脱离英国实现独立的呼声不断出现；欧盟内部因对叙利亚难民等一系列问题的处理方式上的分歧出现裂痕，多个国家主张脱欧的极右翼党派赢得大选，看衰欧盟甚至认为它将走向分裂的声音此起彼伏；内外交困的俄罗斯正在不断寻找重回世界中心的道路，但与西方日渐明显的矛盾让它步履艰难。

更加值得注意的是，美国与中国这两大经济体之间的经济实力正在以更快的速度接近，与其他强国之间差距拉大，中美关系成为 21 世纪最重要的双边关系。而当前中美之间的摩擦早已不局限于贸易战和技术战，逐渐扩大、渗透到地缘政治和经济金融方面。

实际上，世界各个经济体的转向与摩擦更多的是一种表象，在这背后究竟发生了什么，什么是推动这一切变化发生的根源？答案很可能是发展中国家的崛起对现存的世界秩序带来了深刻影响，世界秩序已经迎来了再度巨变的时代。

如果仔细留意一些数据，世界将能更清晰地感知到发展中国家的崛起，这不仅显现在报纸上和言谈中，还显现在往来于世界各大港口的超级巨轮、海底光缆穿梭的光电信号、消费者的餐桌与衣橱中。

一、经济与社会层面：全球消费增量与中产阶级力量此消彼长

在过去的 30 年里，发展中国家的力量迅速崛起，发展中国家的消费者正在成为全球消费的中坚力量。其中，中国的贡献非常显著。1990—2020 年，中国的消费总量在全球的占比翻了 5 倍，从 1990 年的 2% 提升至 2020 年的 12%。预计到 2030 年，全球每增加 100 美元的消费就有约 30 美元来自中国。

相比之下，发达国家的消费力量却逐步为势如破竹般崛起的新兴经济体所稀释。20 世纪 90 年代时发达国家是彼时当之无愧的全球霸主，以不到 1/5 的全球人口贡献了近 80% 的全球消费，而这一消费力量正逐步为新兴经济体所稀释。截至 2020 年，发达国家的消费贡献已被稀释了 20%。以美国为例，其全球消费贡献度经历了一路下滑，预计在 2050 年将被中国反超。到 2050 年，发展中国家将贡献全球近 60% 的消费，而中国有可能跃升为全球第一消费大国。

消费力量的转变与各国中产阶级的变化密不可分。我们发现，发达国家与发展中国家的社会中坚——中产阶级——正在走向殊途。随着经济的高速发展，新兴经济体的中产阶级正在逐渐壮大。以中国为例，根据 BCG MAC 数据库，过去十年间，中国中产人口数量与占比分别上涨了 70% 与 60%，从 2010 年的 2.9 亿人上升至 2020 年的 4.8 亿人，预计到 2030 年将达到 6.2 亿人。

相比之下，美国社会的中产阶级在过去 40 年中则在持续萎缩。根据美国皮尤研究中心的调查报告，美国中等收入家庭比例下跌了

近20%，从1971年的61%下降至2015年的约50%（1.2亿人）。

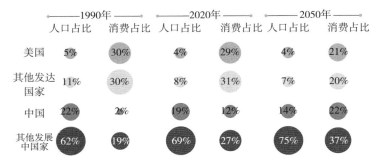

注：消费指名义私人消费支出，根据世界银行、国际货币基金组织、联合国开发计划署统计得出。

图1.4　1990年、2020年与2050年美国、中国、其他发达国家与发展中国家的人口占比及消费占比

资料来源：经济学人信息社（EIU），联合国，BCG分析。

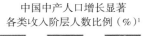

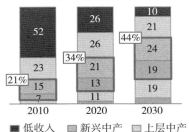
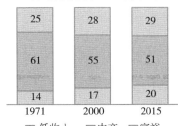

注：1. 根据BCG消费升级模型测算；2. 美国皮尤研究中心（Pew Research Center），2016年研究报告。

图1.5　中国与美国中等收入群体人口比例比较

资料来源：BCG MAC数据库，BCG分析。

经济基础决定上层建筑。当全球经济领域的推动力量与稳定基础持续发生变化,这势必会影响到建构在这一基础上的全球政治及管理秩序的变化。这些变化的到来或早或晚,但终究不可阻挡。

二、科技创新层面:亚洲新时代正在到来

与此前美苏依靠军事力量不同,亚洲的崛起更多依靠的是科技的兴起。科技正是美国在"二战"后持续领先于全世界、并一次又一次地从经济危机中实现新增长的决定性力量。

以中国为代表的新兴市场国家正在迎头赶上世界科技发展前沿,在某些领域甚至有赶超美国的迹象。

胡润研究院发布的《2020胡润全球独角兽榜》显示,全球独角兽企业的数量[①],中美两国独占鳌头,中国有227家,美国有233家。放眼全球,亚洲时代正在到来。上榜的亚洲企业达到278家,占据全球总量的半壁江山。相比之下,北美洲企业约为40%,欧洲则不足10%。

从互联网经济的发展来看,2020年,亚洲的互联网用户数量占全球57%。其中,中国互联网用户数占全球23%,印度占据13%。到2030年,亚洲用户数占比预计会超过60%。

而欧洲的占比相比十年前则下降了近30%,从2010年的22%

---

① 独角兽企业评估标准为创办不超过10年、估值达10亿美元、获得过私募投资但未上市的科技初创企业。

降至2020年的16%。美国的占比下降则超过40%，从2010年的12%降至2020年的7%。互联网不再是发达经济体的专利，数字化也不再是少数人的快车，在亚洲互联网用户占到绝对数量的情况下，亚洲的声音和力量也会得到更多的关注。

注：列示企业品牌标识为该大洲市值最高的三个独角兽。

图1.6　2020年全球独角兽企业数量

资料来源：胡润研究院《2020胡润全球独角兽榜》，BCG分析。

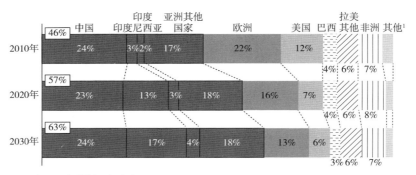

注：1.大洋洲、加拿大。

图1.7　2010年、2020年与2030年各国家和地区互联网用户数量占比

资料来源：eMarketer，BCG分析。

总体来说，在经济、科技等核心力量的共同推动下，新兴经济体的力量正在快速崛起，这必将引起全球经济、政治和治理规则等方面的变化，而正是这些力量推动着世界处于"百年未有之大变局"。

伴随新力量的崛起，建立在"二战"后以及冷战后的世界格局之上的全球治理规则将迎接新变化，摩擦与冲突不是最好的选择，但必须接受的一个现实是，冲突难以避免。而地缘政治冲突的每次升级必将带来原有范式的打破与格局的重塑，并影响到实体经济和个体生活。过去的经验也越来越难以预测未来，现状对国家、企业和个人韧性的建构提出了更高要求。

第六节　人类面临的最大危险是什么

这个时代将面临的最大的危险会是什么？大规模杀伤性武器吗？的确，它有可能在爆炸后的几十秒内杀死成千上万人，但考虑到世界各国对于这类武器的严格管控，这类大影响风险发生的可能性很小。

那会是全球主要经济体的资产泡沫吗？的确，数据显示出主要经济体的资产泡沫化已经是一个非常值得关注的问题，泡沫的破裂是非常有可能发生的事。但即便最坏的情况发生，最可能的是世界经济发展陷入停滞或者倒退，尽管个体在其中会经历痛苦，但不一定要付出生命的代价。

根据世界经济论坛的报告，真正可能对人类产生重大影响的是极端气候、洪水、自然灾害以及反对全球气候变暖努力的失败。它们的危害仅次于大规模杀伤性武器，危险性比起传染病扩散、国家冲突、恐怖袭击、网络攻击、能源价格暴跌都高得多。与此同时，气候变化带来的风险由于相对可预测，所以很容易被忽视。

根据世界资源研究所的预测，按照当前的演变趋势，全球气温将很有可能在未来上升3~3.5℃，导致全球粮食供应中断，热带雨林资源枯竭，年度干旱期平均长达10个月。到2080年，沿海城市的海平面上升超过1米，海水将淹没数以百万计的人口和基础设施。

气候变化对农业和食品安全、自然和生物多样性、水资源分配以及基建和城市都会带来颠覆性影响。如果全球变暖的趋势没有逆转，这些威胁很可能会变成现实。但遗憾的是，遏制全球变暖的努力正在受到挑战。全球最大温室气体排放国美国先后退出了《京都议定书》和《巴黎协定》。

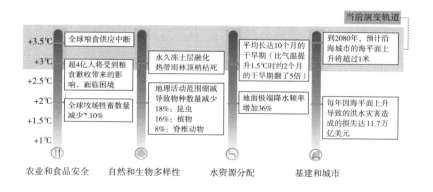

图1.8 气候变化对多种社会体系造成颠覆性影响

资料来源：世界资源研究所；改编自联合国政府间气候变化专门委员会等机构数据。

气候变化及其可能带来的潜在灾害似乎是过去数十年来一个"老生常谈"的议题。最新的气候状况监测数据显示，全球气候变暖的趋势仍在继续。2018年全球平均温度较工业化前高出约1.0℃，全球平均海平面再创历史新高。

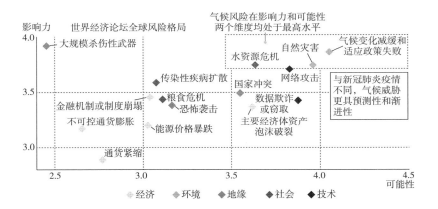

图 1.9　高影响力和高可能性的风险认定

资料来源：2020年世界经济论坛全球风险报告，BCG分析。

2019年发布的《气候变化绿皮书》指出，1980—2018年的近30年间，全球自然灾害事件发生次数从249次猛增到848次；与气象因素相关的天气灾害、水文灾害和气候灾害发生次数分别由135次、59次和28次猛增到359次、382次和57次。联合国预计2019全年"气候难民"总人数接近2 200万。

全球1.1万名科学家在《生物科学》（*BioScience*）上警告人类，地球将进入紧急状态。在现有温室气体排放量的轨道下，21世纪全球表面温度有可能进一步上升0.3~1.7℃到上升2.6~4.8℃，这将对粮食与食品安全、生物多样性、水资源分配、城市基建带来显著的压力和影响。

按照2050年全球平均气温上升2~3.5℃的预测进行推论,城市现有的基础设施将面临极大压力。根据世界资源研究所(World Resources Institute)的研究成果显示,全球76%的城市对气候变化风险高度敏感,包括阿姆斯特丹、东京、纽约及上海在内的一些重要国际大都市都有可能在持续的海平面上涨之中被直接抹去;80%的港口贸易将受极端气候影响;每年需增加的道路运营和养护成本将高达80亿美元。

到2045年,仅美国由洪水导致的房屋资产损失就可能达到1 350亿美元。自然灾害还将引发大量的次生影响,包括对道路、房屋设施的物理损坏、交通受阻、供应链断裂、相应保险理赔激增和大规模人口流动等。

如果气候问题无法得到及时有效的干预,人类一切引以为傲的"人为"努力,都可能在自然的力量面前灰飞烟灭。

2020年,"不确定性"一词在中国开始被广泛使用,它频繁出现在各个论坛、沙龙的话题中,出现在商界领袖的演讲里,人们越来越确信我们的确生活在一个不确定性的时代,至少在2020年这个意外不断的年份里,这个论断逐渐成为人们的共识。我们不得不承认,没有人能准确预测明天,不确定性将永远存在。

经济和社会民生中的不确定性,影响着社会中的各个主体,对政府、企业和个人的活动都会带来严峻的挑战。我们应该反思,我们追求的目标,如一味地聚焦规模、效率、当期收益,在当前环境下还适用吗？

也许相对于以上这些，韧性将是一个更重要的特质，并已经引起全社会的关注。一个高韧性的社会将帮助我们应对、管理、利用不确定性，实现稳健发展。

幸运的是，人类并非孤立无援。在过去几十年间我们创造出的科技正在不断突破，应用逐渐成熟。人工智能、大数据等技术手段正在被广泛应用，成为政府、企业和个人打造高韧性社会、应对不确定性的"好帮手"。

无论是为未来兴奋还是充满担忧，现在已经到了关键的时刻，新冠疫情不会只是一场短暂的暴雨，而更像是初秋落下的第一片叶子。而在未来漫长而又充满不确定的时光里，个体甚至社会该如何锻造一副充满韧性的铠甲？

第 2 章
高韧性社会

第一节　什么是韧性

什么是"韧性"？韧性本来是物理层面的术语，是指某种材料在塑型变形和断裂过程中吸收能量的能力，是承受应力时对折断的抵抗能力。20世纪六七十年代，韧性在国外逐渐被引入到生态学、心理学等领域，是指一个系统从干扰或破坏事件中得以保持或恢复其功能的能力。

2015年，联合国机构间常设委员会（IASC）将"韧性"的定义扩展到更加广泛的社会层面，指个体、机构以及社会面对各类风险时的预防、抵御、适应与恢复的体系化能力。近年来，"韧性"这一概念在中国也逐渐被应用到经济、社会等领域，常被用以表示中国经济应对外部环境变化并持续抗压增长的能力。

在这样一个概念逐渐"受宠"的背后，其实是人们对所处环境与相应应对策略的认知的变化。

变化在于，在越发不确定的环境之下，人们的生存模式发生了转变，从以往的追求速度和效率转向了强调抵御、恢复以及可持续的韧性。

正如我们在第 1 章中描述的种种不确定性一样,不确定性的存在将会是未来很长一段时间的常态,"黑天鹅"将有可能随时随地飞起。在这种情况下,我们更加需要具备对不确定性的预测、有效的应对策略以及为未来的挑战准备可持续的长期举措。

生存的范式已经发生了变化,人类社会需要一种更新的应对模型。如同面临冰川时期到来时的那些不断进化而获得生存的动物一样,我们也需要去适应这个全新的世界。

面对不确定性挑战,以及回应对相关对策的需求,我们综合长期以来有关各领域的研究成果,提出了"高韧性社会"的概念。我们认为,个人、企业、组织、城市、政府以及社会在应对高度的不确定性和危机冲击时,韧性是一种能够有效助其预防、抵御、适应、恢复以及更好地向下一阶段进化、发展的能力。

而要能够采用韧性应对策略,就要成为高韧性的个体与群体。

高韧性社会／政府是指在面对大型传染病、气候灾害、经济危机等重大危机的冲击时,能够预防、抵御、适应、恢复以及更好地向下一阶段进化、发展的社会／政府。

高韧性城市是指城市空间能够预防、吸收、适应、恢复及更好地应对未来的冲击,可以有效推动可持续发展与包容性增长。

高韧性企业／组织是指能够预防潜在危机,迅速抵御冲击并从危机中恢复,通过创新和迭代来应对不确定性,从而实现更稳定的发展。

第 2 章 高韧性社会

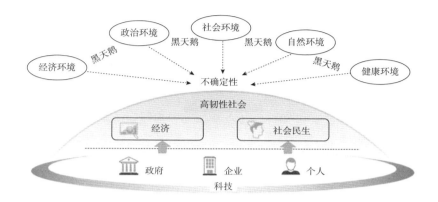

图 2.1 打造高韧性社会是应对全球不确定性的核心

高韧性个人是指能够居安思危、时刻保持警觉，在面对危机时善于协作并心理强韧，能迅速应对危机，并通过快速学习和持续学习不断自我修正，从危机中恢复，实现更好的发展。

第二节 高韧性社会的框架

我们从以往对社会组织、政府、企业等各类咨询工作中，提炼出了韧性的框架，共包括五个阶段、八种能力以及二十一条行动方案。韧性的框架中涵盖了应对不确定性的五大阶段，包括危机识别、快速反应、抗压恢复、变化创新和布局未来，相对应的是各个阶段中采取行动时的八个能力，二十一条行动方案则从具体操作的角度给出了明确的步骤。

第一个阶段是"危机识别"阶段，即在危机来临前，能够预先识别风险并为之做好准备。建设这一阶段的能力的方法是进行"提前预警"，需要我们在行动中建立"系统性扫描"，查找出潜在的不确定性，建立起完善的"预警机制"，确保在危机出现后各方能迅速接收到完整的危机信息。同时，为了保证预警机制能够有效与即时更新，要定期进行沙盘推演，发现应对方案的不足并进行有效迭代。最后，还要对应对措施进行复盘反思，吸收经验和教训，完善针对下一轮危机的应对机制。

五大阶段	八大能力	二十一条行动方案
危机识别	1. 提早预警	1.1 系统性扫描 1.2 建立预警机制 1.3 沙盘推演 1.4 复盘反思
快速反应	2. 敏捷响应	2.1 建立分级高效的响应机制 2.2 科学决策，精准出击
	3. 指挥协作	3.1 中央统筹引导，地方灵活实施 3.2 各区域板块之间协同支持，资源共享 3.3 公私协作，共同应对
	4. 动员沟通	4.1 统一思想，发动基层 4.2 稳定民心，及时透明沟通
抗压恢复	5. 分散缓冲	5.1 建立后备体系，缓冲意外冲击 5.2 构建模块化结构，防止系统性崩溃
变化创新	6. 多元包容	6.1 塑造多元化的组织，包容异见的文化 6.2 制定统一目标，提供最简框架 6.3 决策权下放到一线
	7. 融合创新	7.1 多问"如果"与"为何不" 7.2 积极探索新技术、新模式 7.3 打破传统组织边界，大胆推动流程变革
布局未来	8. 平衡致远	8.1 变短视为前瞻，培养可持续发展意识，平衡多方利益 8.2 设计市场化、科学化的长效机制

图 2.2 高韧性社会的框架

第二个阶段是"快速反应"阶段，即在危机初袭后，能快速识别响应方式并迅速采取行动，通过动员、协同多方共同响应，将危害最小化。快速反应阶段需具备三大能力，即"敏捷响应""指挥协作"和"动员沟通"。分别来说，想要达到"敏捷响应"，就需要建立高效的响应机制，在科学决策基础上精准出击；"指挥协作"强调的是在应对不确定性时各主体之间应该如何协作配合，包括中央与地方协作配合、各区域之间的协作配合以及公私等各主体之间的配合。就这些应对如何取得更优的效果而言，"动员沟通"提供了方案，它要求统一思想，发动基层，同时要进行透明沟通，这样才能发挥出应对合力。

第三个阶段是"抗压恢复"阶段，该阶段重点强调面对不确定性时如何承受压力、避免崩溃，从而有助于更快速地恢复。这个阶段对应的能力是"分散缓冲"，通过两大行动方案——建立后备体系和构建模块化结构，避免某个功能或者连接突然受损缺失而带来的全面崩溃。

第四个阶段是"变化创新"阶段，指在危机后，能够打破原有范式，发展出更新的多样化的组合，并借力新兴元素重塑新的范式，从而有助于长期、更大程度的复苏。这一阶段的两大能力是"多元包容"和"融合创新"，多元包容旨在建立一个多元且能够接纳各种意见的组织，实现民主与集中的统一。塑造多元化组织和包容异见文化、制定统一目标以及将决策权下放到一线，将有利于这一能力的实现。而实现"融合创新"，具体的方案则是在组织内塑造充分开放的氛围，探索新技术、新模式，同时大胆打破组织边界进行流程变革。

第五个阶段是"布局未来"阶段，韧性的框架不仅着眼于过去与当下，更强调"布局未来"，从前瞻、综合的视角思考和解决问题，协调经济、社会、环境发展，以应对未来的挑战。在"平衡致远"能力的指导下，应对不确定性时要变短视为前瞻，培养可持续发展意识，平衡多方利益，同时设计市场化、科学化的长效机制。对于政策措施来说，这不仅有利于应对眼下危机，而且有利于规避未来的危机。

五个阶段、八种能力与二十一条行动方案实际上为个体、企业、组织、城市、政府以及社会提供了一个具有通用性的有效解决方案。而对于不同的机体来说，建设韧性的侧重点则有所不同。

比如，对于政府与社会而言，一个相当重要的能力是"提前预警"，所谓"上医治未病"，说的就是政府机构应该把危机的预警管理提高到更加重要的位置，这是成本最低、代价最小的治理措施。与此同时，政府机构应该注重"指挥协作"，这意味着在危机应对上要建立强有力的中枢，使得应对危机时可以一呼百应、闻令而动。"动员沟通"能力在建设政府韧性上具有重要意义，它着重强调社区和基层在沟通上的有效性，用以人为本的方式进行社会沟通能够使民众拥有全局意识，这样在应对危机时能更加有效地发挥全社会的合力。同时，需要强调的是"平衡致远"能力，该能力要求政府机构在采取措施时不仅要考虑当下观瞻和短期利益，更应该注重长期目标和利益。

适用于建设韧性城市的能力，应该着重强调的是"多元包容""指挥协作""融合创新"和"平衡致远"。之所以强调"多元包容"是因为城市包含了人类生活中最复杂、最丰富的元素，城市需要建立起多元包容的文化，鼓励城市公众参与城市治理。另一个值得注意的点是要发展多元产业结构，增强城市的经济韧性。单一产业城市因资源枯竭或行业没落而被废弃的案例比比皆是。此外，城市的发展需要协同，尤其是城市群内部可以发展协同共荣的产城生态。同时，在建设韧性城市时，应该更多地采用先进的数据化手段，融合创新，打造韧性城市。最后，在采取措施时应该明确以长远目标为主，"头痛医头，脚痛医脚"的治理会埋下更大且难以挽回的隐患。

对于高韧性企业而言，需要明确的是"提前预警"。市场瞬息万变，企业很有可能因为无视风险而面临颠覆性的新技术、新模式、新对手，这也是众多企业难以发展成为长青企业的重要原因。一旦发现危机苗头，企业需要作出"敏捷响应"，提高从市场一线到总部决策层链条的效率。同时，由于企业所面临的不确定性种类繁杂、彼此交织，更要求企业遵循"分散缓冲"能力，在功能、财务两方面建立起后备体系和模块化结构，避免因为某个板块的不确定性带来整体的崩溃。另外，"融合创新"应该成为企业最核心的命题与能力之一，它要求企业持续进行业务创新、组织创新等，当务之急是提高企业的数字化水平，紧跟数字化转型的潮流。最后，"平衡致远"能力在几十年中对企业日趋重要，企业需要履行社会责任，不但是为造福社会，同样也是出于自身利益的考量。

对个人而言，我们面对的最大挑战是工作与生活愈加多元，

高韧性社会

愈加讲究团队协作，同时知识的更新速度比以往任何一个时期都要迅猛，因此要求我们更应该注重"指挥协作""多元包容"和"融合创新"的能力，提升危机来袭时的心理抗压能力，隔离负面情绪，塑造韧性人格。同时加强与他人的协作，共抗危机。更重要的是快速学习、不断自我修正迭代，只有这样个人才能在各种挑战中无往不胜。

对于社会/政府、城市、企业/组织以及个人，建设韧性的侧重点可参见图2.3。

如果您依然感到这些具体的阶段、能力和行动方案理解起来抽象，别着急，正如前文所言，在我们的世界中，韧性无处不在。让我们把显微镜对准生物，仔细观察生物界的韧性体系是如何运转的，由此来更深刻地认识并理解韧性。毕竟，大自然里的万众生物存在了几十亿年，穿越了无数个世纪，遍布地球的每一个角落，曾应对过无数的冲击与挑战，它们身上蕴含着"韧性"的真谛。

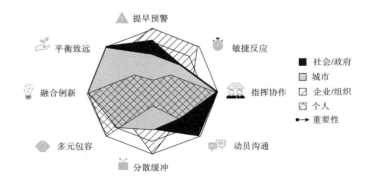

图 2.3 建设高韧性社会侧重点

资料来源：BCG 分析。

进一步聚焦，人类——这个被无数科学家称为"最大奇迹"的生物，尽管只有数百万年的历史，但已经凭借其自身的韧性对抗了无数艰险与挑战。瘟疫、霍乱、天花——人类战胜了无数可致死的疾病存在至今，可见人类的韧性是抵御病毒和传染病的利器。

即便是 2020 年全球大流行的新冠肺炎疫情，我们看到有着超强传染力与繁衍突变能力的新冠病毒，并在暴发半年多后依然每天感染着几十万人口，但人类并未因此崩溃，穿过初期的慌乱与不堪，数以千万计的人已经从病毒感染中康复。除了医学技术，实现这些胜利更多是靠对抗新冠病毒的"特效药"——人类自身的免疫系统[①]。

免疫系统不止一次将人类从病菌的魔掌之中拯救出来，它也许是人类至今仍能生存在这个蓝色星球上最伟大的帮手之一。它精准、严密、高效，它的工作机制比人类创造的任何其他机制都更有效。那么人类的免疫系统究竟是如何工作的呢？它又将给我们建造高韧性社会带来什么样的启示？

---

① 《美国医学会杂志》发表的武汉大学中南医院重症医学科主任彭志勇的论文显示，在论文纳入的 138 例患者中，存活患者的淋巴细胞消耗的速度相较死亡患者明显更为缓和，存活患者的淋巴细胞数量也往往多于死亡患者——淋巴细胞的数量与作战能力直接代表着人体的免疫力。

案例1　生物的韧性

在人类进化的过程中，为了生存必须与各种病菌斗争共存，经过漫长的时间，人体逐渐形成一套强大的防御体系——免疫系统。

免疫系统修筑了三道防线，每道防线都由多种细胞与分子防御机制组成。人体的皮肤和黏膜构成的物理屏障是免疫系统的第一道防线，阻挡了大多数病原体的入侵。如果这道防线失守，免疫系统的第二道防线——天然免疫系统就要开始上阵，粒细胞、吞噬细胞和自然杀伤细胞就像"巡逻兵"一样，随时监测并火速消灭病原体。而当这两道防线都失守时，免疫系统的第三道防线——适应性免疫系统开始启动，淋巴细胞开始精准出击，它们可以识别多种多样的免疫抗原并作出反应。第一、二道防线反应迅速，第三道防线虽然速度稍慢但攻击精准，具有更高的适应性。

由此，免疫系统既包含了常态化、标准化的物理屏障，可以轻松应对日常病原体，又包含了敏态化的天然免疫系统与适应性免疫系统，可以对未知病原体迅速、精准地启动反击。

正是这三道防线共同形成了人体的病原体防范体系，使人类得以在充满病原体的世界存活。如果这听起来依然抽象，不妨来看一看当最常见的流感病毒入侵时，我们的免疫系统是如何作战的。

第 2 章　高韧性社会

一个喷嚏响起，数十万个甚至上百万个微生物以 160 千米的时速喷出，流感病毒就混迹在这些飞沫之中。

绝大多数病毒会被人体的物理屏障皮肤牢牢挡在外面，即使一部分进入呼吸道，那里的黏膜同样也能发挥机械性的杀菌作用，使病毒失活。

如果第一道防线被突破，天然免疫系统便迅速进入战斗状态。在中枢免疫器官的指挥下，免疫细胞彼此协作，共同抵抗外来病原体。天然免疫系统不但能以迅速地响应为适应性免疫系统活动争取时间，同时在前线奋战的吞噬细胞们，在厮杀中还采集了各种敌人的情报信息，传递给正在准备作战中的淋巴细胞。

一旦病毒攻破第二道防线，人体反攻的号角便正式吹响。适应性免疫系统在战鼓声中登场，而这个系统的主将就是淋巴细胞。淋巴细胞包含 100 多个我们已知的淋巴细胞亚群，辨敌、杀敌、自我控制等每种功能都由多重细胞同时发挥，多重细胞互为后备，确保万无一失。同时，细胞又被划分为多个独立作战的模块，它们独立作战又彼此保障，互不干扰，确保在一个部分出现失误时不会导致全军覆没。

适应性免疫系统最大的杀伤力在于，应对某一特定抗原刺激，可以产生高度多元化的抗体，精准地进行攻击。①

这种能力基于适应性免疫系统可以应对无限可能的机制。尽

---

① The Biology of Corporate Survival, BCG Henderson; How to Build a Business That Lasts 100 Years, Martin Reeves.

管人体内的 DNA 数量是有限的，DNA 所能指导生产的抗体数量也是有限的，但是人体允许专门生产抗体的免疫细胞随意地排列组合，它能产生多达 1 万亿种独一无二的 DNA，这为抗体的生产提供了极大的灵活性。由此，免疫细胞产生的抗体能够抵抗之前从未遇到过的威胁，除此之外还能产生记忆细胞，使曾经遭遇过的病毒在防御系统面前无所遁形。

基于免疫细胞的记忆功能，人类创造出了一种全新的技术帮助适应性免疫系统更高效地战斗，那就是疫苗。疫苗保留了病原体刺激免疫系统的特性但去除了其致病性，在病原体真正侵袭前帮助免疫系统启动免疫应答，提高免疫警觉，强化免疫记忆。当兵临城下时免疫细胞已然成竹在胸、从容不迫。

有了疫苗，人类可以将对病原体的了解和应对方式存储下来，一旦病毒卷土重来，对应的疫苗就可以让缺少相关免疫力的个体获得防御能力，这为人类后代战胜各种各样的病原体做足了准备。

回顾免疫系统与病毒的战斗，我们发现，识别危机、迅速反应、抗压恢复、多元创新、长期记忆等特点使得免疫系统成为一个具备高韧性的系统。人类依靠着这种高韧性的系统在千百万年的时间里击败了一个又一个病毒，抵御了不同环境中的病原体，使得人类能够生存在热带雨林、极地荒原、山川湖海、戈壁大漠，成为地球上最成功的物种。这也让科学家一次又一次的感慨，人体是最大的奇迹。

第 2 章 高韧性社会

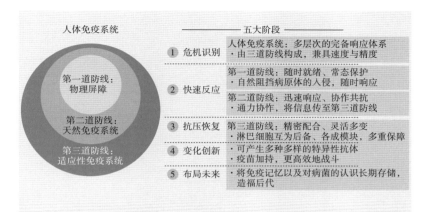

图 2.4 从生物界高韧性的典范——通过免疫系统认识"高韧性"的内涵
资料来源：专家访谈，BCG 分析。

免疫系统为我们展现了生物界中高韧性的典范，充分实践了高韧性的五大阶段，更加具体地展现了与韧性相关的每一个行动，构建起我们应对外界威胁的有机整体。这也给了我们更大的信心，因为我们自身本就是由无数具有韧性的系统组成，在它们的支持下，我们一定可以建立起韧性的个人，进而建立起韧性企业、韧性城市、韧性政府与韧性社会。

第 3 章
能力一：提前预警

凡事预则立，不预则废。面对全方位的不确定性与危机的冲击，建设高韧性社会所需要的第一个能力就是"提前预警"能力。在危机到来前及时发现征兆，我们才能在危机前争取到宝贵时间，通过提前制订作战计划打"有准备之仗"，规避潜在风险，使危害与损失最小化。

那么"有准备之仗"从何而来？对于企业、政府和社会而言，它来自层层递进的四个方面能力的建设。首先，通过系统性扫描，识别异常信号，对任何潜在的风险充满警觉；其次，建立常态化的风险防范机制，保持居安思危的思维状态，制订作战计划；再次，时常演练，锻造随时待命、战术精湛的"军队"；最后，要进行"战后"反思，以史为鉴，从过往的"战役"中汲取经验，不断精进。

第一，系统性扫描。定期扫描不同地区、邻近领域①的市场动态，及时捕捉异常信号并进行解读，确保信号快速被决策层获知

---

① 邻近领域（Adjacent Area）指企业所在细分行业的上下游行业或紧密合作的行业与市场。

并采取响应，即对积极信号提前布局，抓住新兴机会，对消极信号率先思考应对方案。

第二，建立预警机制。通过识别各级各类危机先兆信号，建立常态化的危机信号全景图与信号监测流程，定期围绕危机信号全景图开展监测并及时处理。

第三，沙盘推演。定期开展模拟测试和实战演练，针对不同条件与情景下的危机进行模拟，发现预警机制的潜在漏洞，持续优化预警机制，保障实操的熟练度与方案的可行性。

第四，复盘反思。危机后及时召开反思会议，复盘危机应对实践中的不足，包括前期预警信号的识别与发掘、预警机制的执行运作以及模拟演练中的问题，充分考虑细节，更新预警机制。

第一节　进行系统性扫描

得益于祖先的馈赠，我们对一些危机的警惕已经被深深地刻进了基因之中，这让我们对潜藏未知的黑暗阴影有意识地躲避，对繁茂密布的丛林心生警觉。芬兰土尔库大学心理学家安提·瑞温索认为，人类看似充满偶然性的梦境，也是在对危险进行模拟和预演，让我们最终学会趋利避害。而在我们的后天学习中，对危险的识别则成为被反复教育提醒的重点。

很多时候，在危机到来前就能预先识别并非易事，异常信号的发现可能会非常困难，它有可能被冗杂的藤蔓层层纠缠覆盖，不过它们总会留下痕迹。在自然系统中，某些指标确实先于实质的破坏，在商业世界中，我们可以通过研究其他地区的事件，或者扫描市场中竞争对手的活动，比别人更早一步发现预警信号。

案例2　着眼全球，跑赢大市
—— 再生元领先研究新冠药物

2020年1月，新冠肺炎疫情开始在中国蔓延。在大多数媒体的报道中，这被描述为中国人与病毒的一场斗争。除中国之外，其他国家似乎并不在被病毒威胁的范围中。

然而再生元制药首席执行官伦纳德·施莱弗尔（Leonard Schleifer）却敏锐地察觉到了异样，当他看到中国政府决定用10天时间建成一座全新医院收治病例时，他确认了自己的想法："这绝不是正常事件，不仅是中国，全球都有可能受到这种大流行病的威胁。"[1]

在全球制药公司还在观察决策时，再生元就敲响了警钟。同一时间，密切关注国际传染病预警系统（ProMED）的再生元研究人员也注意到了有关新型病毒的报告，更多员工被调配到了再生元的病毒传染病研究小组。

2月初，再生元扩大了与美国联邦政府的合作，开始研究新型冠状病毒治疗，并加快抗体的生产。施莱弗尔几乎是凭着第六感做

---

[1] *These Scientists Raced to Find a Covid-19 Drug. Then the Virus Found Them, The New York Times.*

出了预判:"通常在没有得到证实之前,企业不会盲目扩大规模。但是普通的商业道理在这里行不通,我们需要投注尽可能多的人力物力在这上面。"

事实证明他的预判是正确的。在随后很短时间内,感染病例数开始出现暴涨,这时各大药企才开始纷纷加码病毒研究。而再生元凭借已取得的领先优势,成为新冠肺炎研究的领先者之一。再生元制药在危机期间的股东总回报领先行业平均水平45%[1]。

尽早把握预警信号并率先思考应对方案,同样帮助其他企业收获了价值。1月24日—2月24日,召开财报电话会议的大约100家美国公司中,只有10家公司讨论了疫情全球大流行可能影响其业务的可能性,请注意当时新冠肺炎疫情的暴发仍主要限于中国,美国的首例死亡病例在2月6日才出现,甚至有报道称白宫新冠病毒特别工作组在那时都没有严肃对待疫情在美国大暴发的可能。而当疫情最终蔓延时,10家早前有所预警的企业中多达7家的表现优于大市(平均表现高出9%),这正说明了预警的价值。

再生元的成功印证了不局限于"独善其身"的益处,"兼济天下"为他们赢得了先发优势。

全盘思维不仅体现在地理范围上对其他区域的关注,还包括行业领域上对其他竞争对手的跟踪。企业需要积极监测并应对竞争对手出其不意的商业活动,对当下难以预判的新兴机会进行提

---

[1] *Becoming an All-Weather Company*, BCG亨德森智库。

前布局。同时，企业及时跟进所处行业新技术进步与影响极为重要，过晚发现预警信号或者判断失误，都有可能导致企业在与对手的竞争中一败涂地。

然而积极监测与扫描的前提是转变思维方式。要达成转变首先企业需要接受自身的商业模式将在未来的某个时刻可能会被取代，这很有可能会是现实；其次需要企业理解并接受的是，变革可能会来自市场上自己不曾重视的边缘企业，比如一些初创公司。

在这样的思维方式之下，企业可以从资金流向和早期的创业活动中收集微弱的信号，警惕那些颠覆性的新技术和新模式，也可以设想如果某个特立独行的想法成功会对企业带来何种后果，从而思考应对措施。

案例3　把握每一个潜在机会
——在收购中壮大的依视路

几乎所有公司的管理者都认为新技术、新产品很重要，然而要全面预测并把握它们的走势却并非易事。正如法国光学镜片公司依视路（Essilor）首席执行官孙余沛（Hubert Sagnières）所说："技术非常关键，但它很难预测。我们无法把握技术的发展，也无法完全独立开发技术，但我们可以系统性地扫描潜在的威胁和机遇，并有选择性地把握机会，然后开发相关能力进行业务深耕。"

依视路的方法就是收购。1995年收购Gentex Optics，帮助依视路一举成为聚碳酸酯镜片领域的全球领先企业；2003年以来，依视路保持每年十余笔①收购的节奏，持续进行新兴技术收购、下游渠道延展、国际市场开拓。

2005年，依视路对强生光学镜片集团的收购为其赢得了数字化镜面技术（digital-surfacing technology）的使用权和开发权，这不仅消除了原本严峻的重大战略威胁，而且还帮助依视路将原本800万美元营收的业务扭亏为盈，并一举将该业务拓展了5倍多，营收达到5 000万美元，利润率高达35%。②

值得注意的是，依视路的这些收购大多是建立在孙余沛所说的"系统性地扫描潜在威胁和机遇"的前提之上的，兼收并购拓展产品线、开发新业务后，依然要回到这套策略的基础——系统的扫描和预警。

从再生元与依视路的案例中我们可以发现，时刻保持对市场的全盘扫描并捕捉异常信号，已成为企业抢占先机的重要前提。

第二节　建立预警机制

一旦识别出了更多的异常信号，厘清了更多先验或后验的关联，我们就可以建立起一套完善的预警防范机制，从而对危机掌握主动权，通过综合监测这些先兆信号，时刻做好准备应对风险

---

① 依视路于2017年、2018年收购次数稍有下降，分别进行了9笔和8笔收购。
② *The Biology of Corporate Survival*，BCG亨德森智库。

第 3 章 能力一：提前预警

的到来，提前反应以将风险扼杀在摇篮之中。

在商业社会中，是否具备这一机制往往意味着财富与亏损的天壤之别。2008年金融危机暴发，造成了8万亿欧元的经济损失。人们复盘这场危机后发现，金融危机实则早有征兆，如果能早一点警觉高风险次级贷款的膨胀和房价不可持续的增长等问题，这一世界性的经济创伤是完全可以避免的。

遗憾的是，当时当局者迷信美国银行的风险抵御能力和美国投资者的信心，并没有意识到次级抵押贷款违约破坏美国乃至全球金融系统的可能性。[①] 回望这段历史，我们发现居安思危且不故步自封，是预警机制建立并奏效的前提。这需要决策者怀有充分开放的心态，并对预警机制的反馈采取行动。

不过，巨大的金融危机震荡终于还是警醒了北美的金融体系。2008年全球金融危机十年后，北美的银行已逐步回归正轨，部分银行还实现了可持续增长。而有趣的是，大西洋彼岸同样遭遇到冲击的欧洲银行却依然难以摆脱负增长的魔咒，风险成本仍居高不下。根据BCG的统计，2014—2018年，北美银行的累计经济利润[②]为2 320亿欧元，而欧洲银行则为 –3 840亿欧元。[③]

[①] 本·伯南克. 行动的勇气：金融危机及其余波回忆录 [M]. 蒋宗强，译. 北京：中信出版社，2016.

[②] 银行经济利润等于毛收入减去再融资成本、运营成本、贷款损失准备金（LLP）和资金成本。贷款损失准备金和资金成本是宏观经济和监管形势的风向标，二者综合能够衡量银行的风险成本。

[③] BCG：《2020年全球风险报告：银行业自我颠覆正当时》。

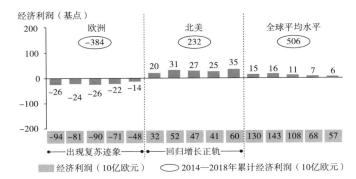

图 3.1　2014—2018 年欧洲银行与北美银行的经济利润
资料来源：BankFocus，公司年报，BCG 风险团队数据库，彭博，BCG 分析。

　　多方面因素的综合作用导致了这一差距。除地缘政治不确定性与网络犯罪外，不良贷款问题被认为是欧洲银行面临的首要难题。如何摆脱坏账对盈利的束缚是长期困扰欧洲银行的心头之痛，倘若低利率环境迟迟未得到改善，全球金融危机遗留的这一痼疾将在未来几年依然挥之不散[1]。此外，监管政策不同是欧洲银行面临的又一难题。在这些顽疾的背后，欧美风险预警与防范体系的差距是根本原因。

　　相比较之下，全球金融危机之后，美国的风险预警与防范变得更为完善，非战时筹备充分。与欧洲相比，美国致力于降低金融复杂性、保护经济和预防风险的监管规范更为先进[2]。全球金融

---

[1]　BCG：《打造面向未来的银行风险管理职能》。
[2]　*The Brave New Era of Comprehensively Regulated Banks,* BCG 亨德森智库。

危机暴露出美国金融市场长期债务高企、过度宽松的巨大漏洞。在全球金融危机后，美国政府监管增加了诸多对于隔离风险、增强金融稳定性的要求。①

与此同时，美国银行将坏账核销比例翻了两番，而欧洲仅翻了一番，因而美国更快地降低了不良贷款率，改善了资产负债表。在如今经济下行之际美国银行的风险暴露更可控，危机抵御能力更强。实际上，从2014年起，美国银行就已经将坏账水平降到了全球金融危机前水平以下。2009—2018年，美国银行的不良贷款率从5%大幅降低至0.9%，而欧元区的不良贷款率则在2018年增长了近3倍（2.9%），是美国水平的3倍。

此外，在过去的十年里，美国银行持续加速整合，从绝对值来看，现阶段美国银行的数量不到欧洲银行数量的40%。美国银行更高的整合程度反映出其时刻处于"危机"中的内在状态，时刻自我革新，做好应对危机的准备。

而在欧洲，由于监管政策不一，欧元区各国监管规定和汇报制度各行其是，增加了银行的合规成本和复杂程度。缺少统一性与整体性的风险防范体系导致欧洲银行的运营雪上加霜。

另外，美国还建立起了"生前遗嘱"处置机制，要求银行详细说明在陷入严重财务困境或破产时，如何快速、有序地进行重组，从而保护公众利益并避免金融系统被扰乱。这种机制能够帮

---

① 例如，除了限制自营交易与基金赞助之外，还要求隔离特定的风险衍生品业务与集团其他部门，要求外国银行建立完全由美国监管的美国子集团等。

助银行提前模拟最糟糕的情形,做足最坏的打算,使银行以及社会公众无"后顾无忧"。相比之下,欧洲尚没有类似的处置机制[①]。

从以上分析不难看出,美国在全球金融危机后成功重建了风险预警体系,帮助其更高效地防范未来的金融风险,将风险成本控制在可控的水平。因此,在2020年新冠肺炎引发的经济动荡中,美国金融业也表现出了更强的韧性。2020年上半年美国的不良贷款率处于较低水平(低于1.6%),明显优于2008年全球金融危机后高达7.5%的水平。这一切的背后,风险预警体系扮演了极其重要的角色。

与美国在全球金融危机后重建风险预警与防范体系类似,不少企业也经历了重建的过程,这其中就包括曾经深陷困境、通过改革实现全面领先蜕变的西门子。

案例4 从亡羊补牢到未雨绸缪
——西门子腐败丑闻后,合规部门重整并转型

2008年12月15日,美国证券交易委员会(SEC)宣布,同意以超过十亿欧元的罚款与西门子达成和解。西门子面临的主要指控是以行贿外国政府官员的方式获取项目,违反了《反海外腐败

---

① 欧洲目前主要通过存款人保护制度保障公众利益,即在银行处置或破产程序中,存款人将比无担保债权人更优先获得支付。

第3章 能力一：提前预警

法》(FCPA)。[1]

自2006年起，西门子的一系列贿赂和腐败丑闻被一层层地曝光。20世纪90年代起，西门子在委内瑞拉的地铁建设、以色列的发电厂建设、墨西哥的炼油厂建设、孟加拉国移动电网开发以及在越南、俄罗斯的医疗设备等广泛的交易中行贿，在这些交易中获利超过11亿美元。[2]

在这场西门子公司历史上最严重的危机中，[3]除了面临各国政府的调查、巨额罚款之外，股东和投资者对西门子的信任也降到低点，西门子财务的稳健性以及董事会是否能够履行监督职责受到质疑。

虽然，在德国历史上针对境外行贿的监管过于宽松[4]是一大外部原因，但内部监管机制和文化不够健全与容忍也是西门子陷入这次危机的重要原因。由于各业务涉及的行业分散，组织架构庞大，西门子一直采取"权力下放"的管理模式，即分部拥有高度自治权。而合规部门的建设则不够健全，[5]制定的合规政策也仅仅落

---

[1] SEC：*SEC Charges Siemens AG for Engaging in Worldwide Bribery*，https://www.sec.gov/news/press/2008/2008-294.htm，2008/12/15.
[2] Ibid，同上。
[3] 西门子全球合规手册.保护西门子的声誉和价值观。
[4] 在德国，直到1999年，境外贿赂是一种可用于减税的商业支出，不被视为犯罪。Wikipedia: Siemens, https://en.wikipedia.org/wiki/Siemens#2005_and_continuing:_worldwide_bribery_scandal.
[5] 2004年之前，西门子总部合规团队由兼职的首席合规官和5-6名律师组成，主要工作包括针对外部言论为西门子辩解和内部调查，分支合规团队和总部合规团队没有汇报关系，服务于分支管理层，且缺乏人力物力资源，对业务细节没有知情权。

在纸面上，未得到充分执行。

2006年11月起，西门子在监管部门的要求及外派的"合规监督员"的监督下①，开始进行合规体系的转型。四年之后，腐败交易行为已大幅减少，但尚未完全根除。②于是，自2010年起，西门子在原来的基础上，从文化和体制两个角度进行更为深入且自发的合规转型。在文化上，强调诚信是西门子价值观的核心，要求所有的员工熟悉并在全球范围内遵守当地法律法规和西门子内部的规章制度③。在体制上，以"精益合规"为目标，只保留有价值的合规检查点，裁去过剩人员，构建高效合规体系，并同时进行了合规流程、制度等一系列改革，在充分汲取过往失败经验之后，西门子构建起了全新的、精益的、高效的合规体系，严防重蹈覆辙。

在这个体系的帮助之下，西门子合规体系实现了从防范、监察到应对，对危机先兆信号的跟踪监督与及时处理，在酿成大祸之前便将其扼杀。而在"道琼斯可持续发展指数"排行榜上，西门子的"行为规范/合规"类别的分数在百分制里从0分跃升为99分④，且已连续7年在行业内总分排名第一⑤。

西门子合规部门在腐败危机后的全面提升离不开对过往行为

---

① Gow, David (15 December 2008). *Record US fine ends Siemens bribery scandal*, The Guardian.
② SEC：*SEC Charges Siemens AG for Engaging in Worldwide Bribery*, https://www.sec.gov/news/press/2008/2008-294.htm，2008/12/15.
③ https://new.siemens.com/global/en/company/sustainability/compliance.html.
④ 《保持商业诚信》，西门子股份公司。
⑤ 2008—2014年。

的深刻反思与自省，在这一思维转变的基础上，大量的人力、物力投入才足够高效，风险防范体系的构建才不会形同虚设。

在这个体系的帮助之下，西门子合规体系实现了从防范、监察到应对，实现了对危机先兆信号的跟踪监督与及时处理，在酿成大祸之前将危机扼杀在摇篮里。而在"道琼斯可持续发展指数"排行榜上，西门子的"行为规范/合规"类别的分数在百分制里也从0分跃升为99分[①]，并已连续7年在行业内总分排名第一。

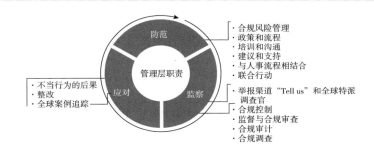

图 3.2　以管理层职责为核心的西门子合规体系

西门子合规部门在腐败危机后的全面提升离不开对过往行为的深刻反思与自省，在这一思维转变的基础上，还需投入大量的人力、物力，由此风险防范体系才不会形同虚设。

构建风险预警体系，要从多个角度全面保障、全盘兼顾，在系统性扫描积累的风险信号的基础上，进行预先防范。在社会层面，它需要多个部门联手协作，这样才能快速识别风险并且调动整个社

---

① 《保持商业诚信》，西门子股份公司。

会资源应对风险。日本的地震防范就为我们展示了体系的优势。

案例5　全面设防，构建成体系的预防机制
——日本地震防范体系启示

2011年3月11日14时46分，在日本东京，每个人的手机都突然响起，并收到了日本的一条警告信息。同时这一信息也在电视上开始循环播放，它告诉人们附近刚刚发生强烈地震，必须马上进行躲避。

这一天，日本东北部发生9.0级强烈地震，并引发巨大海啸。由于地震预警系统在监测到地震4.5秒后便快速发出警报，为民众争取了15~40秒的避灾时间。在多次地震灾害中，日本地震预警机制在减少灾害影响上都发挥了至关重要的作用。

实际上，面对每一场即将来临的地震，日本政府均早已严阵以待。日本政府于2014年出台了《国家韧性基本计划》(*The Fundamental Plan for National Resilience*)，并坚定表示"面对可能到来的灾害威胁，我们不应抱着鸵鸟心态，而是要正面迎击。国家政府最基本的责任即是要在大型灾害发生时，确保人民的生命与财产安全，以及国家经济的运转"。[①]

在《国家韧性基本计划》中，日本政府识别并列出了地震风

---

① 《强震不倒的日本"震"治学：在地震警报再度响起前，政府到民间全员防灾中》，社企流。

险防范相关的 15 个领域，包括警务消防、住房建筑、医疗福利、能源、金融保险、信息通信、交通运输等方面，意图构建全面的风险防范体系。

在住房领域，日本的《建筑基准法》要求高层建筑必须能抵御里氏 7 级及以上的地震。建筑工程为获得开工许可，除了设计、施工图纸外，还必须提交建筑抗震报告书。日本建筑在建筑设计、选材等方面均发展出了各种各样的新手段以提升抗震能力，实现"耐震""制震"与"免震"。

在金融领域，日本建立了私人保险公司与政府共同合作开发地震再保险制度，实现灾害风险的分层共担。这一制度的核心是由日本各商业保险公司出资成立的地震再保险株式会社（JER），当投保人向原保险公司投保后，JER 会全额分保，并进行超额再保。随着损失金额的提升，政府的承担比例也会提升。[①] 公私合营的再保险制度在为民众降低灾后损失的同时，也为银行业转移了大量风险。而在政府的持续普及教育下，日本举国上下也都建立了很强的风险防范意识，日本地震险购买率将近 20%。[②]

当地震发生时，早在 1992 年就开始建立并成型的日本地震预警系统与公共预警速报共同响应，将灾难信息提前传达给民众。日本地震预警系统 Uredas 已经部署至全国。

---

① 当损失小于 871 亿日元（折合人民币约 60 亿元）时由私营部门完全承担，在 871 亿~1 537 亿日元（60 亿~100 亿元人民币）时由政府和私营部门各担 50%，超过 1 537 亿日元（大于 100 亿元人民币）时由政府承担近 99.9%。
② 《地震风险对银行业的影响》，瑞士再保险。

> 在地震警报的公共预警上，日本三大电信运营商 NTT DoCoMo（日本电报电话公司）、AV（日本移动技术会社）和 Softbank（软银）都提供地震预警服务，并且自 2007 年起，日本政府要求厂商在国内发布的手机都必须支持警讯速报功能。在广播电视领域，日本广播协会（NHK）开发了"紧急地震速报"发布系统，收到气象厅预警信号后立即将警报转发给 NHK 在日本各地的电视台。在"3·11"地震发生 15 秒后，电视、广播等媒体即发出公共预警，使距离震中 100 多千米的地区居民获得超过 20 秒的应对时间。

无论是日常的住房、金融等领域，还是地震来临前几十秒的交通、通信等领域，日本通过在与灾难密切相关的所有领域设防，时刻预备着灾难的突袭，打造了日本日臻完善的地震预警机制。在它的帮助下，作为地震灾害最密集国家的日本，地震对其造成的损失却几乎是最小的。

第三节　推演与复盘

预警能力不应仅仅是消极的等待危机的降临，因为没有人知道当危险真正来临时这些被寄予厚望的预警系统能否真正发挥作用。预警能力的建设遵循的原则应该是"谨慎预防"，也就是认为"有理由发生的事最终都会发生"。在这种情况下，就需要制定特别的应急计划，以及对重大风险进行压力测试，通过情景规划实战演练、监视预警信号、分析系统漏洞等方式来全面预见和准备。

在危险真正来临前,我们可以做的是尽可能从多个角度去试验,从理论、实操两方面共同检验,审视和判断在不同的情境下我们是否做好了准备,保障风险预警体系的稳健性与严密性。

> **案例6　多情境评估,理论优化风险预警**
> **——2008年全球金融危机后的银行压力测试**
>
> 让我们把目光再拉回到从2008年全球金融危机中重新站立起来的美国银行体系,在它迅速回归正轨并取得良好业绩表现的背后,主要的工具就是压力测试。
>
> 在2008年全球金融危机的巨大破坏力之后,人们逐渐意识到华尔街曾经广泛依赖的一个核心的风险管理工具——风险度量模型VaR(Value at Risk,风险价值),存在着相当明显的缺陷。通俗来说,VaR可以精准地预测在95%或者99%的可能性下的最大损失,但是对于1%或者5%极度情况下可能发生的损失却无法预测。
>
> 这一缺陷在2008年全球金融危机时导致了严重的后果,在意识到这一缺陷后,2009年时任美国财政部长的蒂莫西·盖特纳与他的团队引入了一个更强大的监管工具——压力测试,也就是给19家大型银行设定某些看起来相当糟糕的经济指标,测试他们在面对这些问题时的承受能力,如果测试发现银行需要补充资本金以应对最差情况,那么银行可以向私人进行募资,如果银行募集不到资金,财政部就会强行注入资本差额。

> 2009年2月，在华尔街还在落满大雪的冬天，19家大型银行开始进行压力测试。当年5月美国政府公布了这些银行的压力测试结果，存在问题的银行依据测试中暴露的问题需要有针对性地进行解决。

2009年5月，巴塞尔银行监管委员会正式发布了《稳健的压力测试实践和监管原则》，建议银行将压力测试纳入整体治理和风险管理体系中。此外，巴塞尔银行监管委员也建议监管当局定期综合评估银行的压力测试方案，并有权要求银行在压力测试方案存在不足时进行整改。如今，压力测试已固化为银行系统的年度工作。

"压力测试是（金融危机）关键的转折点。自那以后，美国银行体系走上了稳步强化的道路，美国经济也逐渐得到了强化。"多年后，时任美联储主席伯南克写道。

案例7 多场景演练，实操保障实战就绪
——德国跨州危机大演练

2007年11月7—8日，德国进行了一场应对流感疫情暴发的演练，各大流行病研究机构、定点医院、药房以及警方、电信、自来水公司、航空公司等机构和企业参加了这一次演练，而演练"脚本"就有近900多页，参考借鉴了中国香港应对1968—1969年流感疫情的经验教训。

这是德国跨州演练（LüKEX）的一部分。2004—2020年，德国政府已举行过7次大规模演练，分别是为应对极端天气导致的大规模停电、重大赛事安全防范、流感疫情、大规模恐怖袭击、网络恐袭、食源性病毒疫情及德国南部天然气短缺等。

跨州演练由联邦和各州共同确定主题，由德国内政部负责组织实施，联邦公民保护与灾难救助局以及德国危机管理、应急规划及民事保护学院负责具体事宜，民间服务组织德国联邦技术救援署（THW）的8万名志愿者负责协调出力。每场演练充分考虑跨州协作、突发情况等种种不确定性带来的挑战，周期长达21—27个月，包含6—8个月的规划、9—11个月的准备、2—3个月的执行、4—5个月的最终评估共四大阶段。①

跨州演练帮助德国政府识别出危机管理存在的问题和不足，政府部门将可以有针对性地解决。更重要的是，它就像一个大型实验，人们有机会在演练中磨合合作方式、尝试新解决方案。过往经验、应对预案加上模拟实践，保证了预警机制的完整性与可行性。

得益于优秀的预警机制，当新冠肺炎在德国第一波暴发之后，德国在抗疫上成为"模范生"——早在2020年1月16日（德国国内首例感染病例出现在1月27日），德国便已经部署了德国传染病研究中心（German Center for Infection Research, DZIF）来测试检测病毒。德国既没有像一些国家那样出现短时间的社会混乱和物资短

---

① *Assessing Global Progress in the Governance of Critical Risks,* OECD.

> 缺，医疗系统也没有濒临崩溃。当 3 月意大利等国家出现 9% 的病死率时，德国病死率仅有 0.4% 左右，治愈率居全欧洲第一。除了德国高度发达的医疗体系外，德国对于危机应对的预警机制也在其中发挥了重要作用。

从压力测试与跨州演练案例中，我们看到将构建预警能力嵌入日常运营、而非紧急状况才匆忙找出的应对之策，可以将被动的"以防万一"转变为主动的"谨慎预防"。这就是预警机制能够奏效的关键。

然而，建立完善的预警机制不是为了让我们永远高枕无忧，而是为了帮助我们高效地备战并将潜在损失最小化，我们依然需要时刻保持警醒的状态。终究，在一场危机中最可怕的往往不是危机本身，也不是何时发现危机，而是傲慢和疏于防范导致的连锁反应，最终才会让千里之堤溃于蚁穴。

通过预警能力的阐述，我们认为建设社会／政府韧性、城市韧性、企业／组织韧性、个人韧性在提前预警方面应该做到：

（1）社会／政府韧性

第一，配置战略发展小组，定期扫描不同国家和地区的时事动态。及时捕捉金融经济、军事外交、自然灾害、科技教育等方面的异常信号并进行解读，同时保证信号快速被决策层获知，管理层采取行动，对利好信息顺势进行提前布局、草拟相关指示，对潜在冲突和危机提前思考应对方案，部署责任部门共同筹备。

第二，建立预警响应机制，部署危机管理小组跟踪反馈。危机管理小组通过识别各级各类危机先兆信号，建立常态化的危机信号全景图与信号监测流程，定期围绕危机信号全景图开展监测，及时处理以免酿成大祸。同时针对危机相关的各个领域中可能出现的各种危机状况，建立相应的危机处理预案，设定明确的触发机制和责任机制，跨领域多级别部门共同参与，确保危机一旦出现时预案可以被快速启动。

第三，开展模拟测试和实战演练。针对气候灾害、金融危机、大型传染病等不同情景的社会危机，定期进行大规模演练。组织相关部门共同参与模拟演练的筹备规划、组织执行和演练后的评估提升。通过演练发掘预警机制的潜在漏洞，持续优化预警机制，同时保障在各方参与下实操的熟练度。

第四，危机后反思复盘应对全流程，定向优化预警机制。危机后召集战略发展小组、危机管理小组等相关工作组，及时召开反思会议，复盘危机应对的不足（包括前期预警信号的识别与发掘、预警机制的执行运作以及模拟演练中的问题），充分考虑细节，更新预警机制。

（2）城市韧性

第一，提前做出基于危机的城市规划。提前评估和测算城市灾害的风险，形成风险评估报告。报告应明确城市面临不同类型灾害时的风险系数，以及城市人口的脆弱性水平。基于风险评估，进一步制订城市规划，包括城市整体规划、减灾规划和应急规划，制定住房的安全质量标准，应具备与城市所面临的风险等级相适应的抗灾能力。最后，绘制灾害地图。通过对城市进行网格化分析，明晰哪些地区受哪种类型风险的影响较大，预估影响程度，并与人口数据结合，定位脆弱地区及居住人群。

第二，完善以物联网为底层支撑的城市风险监测体系，并确保风险抵御资金的可用性。针对城市可能面临的环境和自然灾害风险等，建立统一的风险监测体系。监测体系应以城市物联网数据为底层基础，通过捕捉实时动态识别危险信号；确定风险预测的技术标准、监测制度和信息管理制度，实现预警信息在城市各级政府部门之间的共享共用及有效传递。此外，政府应划拨充足预算，用于紧急服务及灾害减轻项目，并对高风险的建筑物进行保险投保。

（3）组织/韧性企业

第一，全盘扫描市场动态，捕捉异常信号。设置战略发展小组，定期扫描所在及相邻行业的市场动态、竞争对手动态，及时捕捉异常信号并进行解读。

第二，培养危机意识，建立高层预警和定期研讨机制。保证信号及时传达到领导层，并设置高层针对异常信号进行常态化决策的机制，即对积极信号提前布局新兴机会，对消极信号率先思考应对方案。

第三，商业情景模拟和应对推演。针对企业在情景下的危机进行模拟测算，根据危机演变及利益相关方可能采取的一系列行动，推演企业采取的对策，评估所采取对策需要的资源，在发现当前薄弱能力环节时，有针对性地提出可能的应对方案。

第四，在商业危机结束后复盘反思。危机后召集战略发展小组、危机管理小组等相关团队，及时召开反思会议，复盘危机应对的过程，反思不足（包括前期信号的识别与发掘、过程的处理和落实），完善预警机制，为下一次危机应对做准备。

（4）个人韧性

高韧性的领导者应格外重视外部视角和危机信号。在危机到来前，通常会捕捉和观察到相关的信号，身为局中人却未必能及时感知。关于危机最好的情报其实是来自危机本身所释放出来的信息，作为领导者需要获取客观、第一手的信息来了解和评估外界环境的变化，从而做出适应调整并有效地应对。高韧性的领导者要能够捕捉到预示新威胁和新机遇的微弱信号。

当然，我们必须承认的是，危机识别和预警只是整个韧性系统中的第一层结构，即便再完备的预警能力也不能识别和规避所有的潜在风险，它并不能决定所有成败。当危机确实发生时，我们该如何应对呢？

第 **4** 章

能力二：敏捷响应

当预警信号被清晰感知，警报拉响，接力棒向下交接，下一步决定个体与社会命运的将是在面对危机时我们如何进行快速反应。在这一阶段，首要能力便是敏捷响应能力，要针对新出现的未知事件高效决策，果断行动。敏捷响应能力是抵挡最初冲击的第一道防线，它直接决定了控制危机的速度，也极大地影响了危机得到控制的效果。

敏捷响应能力是指针对未知事件的高效决策，可以理解为我们面对新事件、在第一时间高效地做出决策，以最快的速度采取行动，从而取得成效并达到新的平衡。

敏捷响应能力既考验顶层设计应对突发新局面的判断和决策能力，更考验从中枢到一线的贯彻执行能力。如果想要做到敏捷响应，有两个关键要素：一是建立一套分层级且行之有效的响应机制，能够在危机来临时迅速启动奏效；二是在应对危机时能够科学、迅速地做出决策，精准控制危机带来的危害。

第一，建立分级、高效的响应机制。首先，对不同类型事件进行分级，制定有针对性的响应流程与机制，厘清并明确响应机制中各层级响应部门的职责和要求，同时保有一定的灵活度，能够一事一议地应对特殊情况。其次，确保各层级间的信息传达与反馈通路高效、透明，使得中枢决策机构能够第一时间收到准确信息，及时做出决策和部署。

第二，科学决策，精准出击。在危机来临时，确保分工明确、责任清晰的响应机制的正常运转，切实履责。在接收预警信号后基于专业、准确的判断，第一时间做出响应，及时引入相关责任部门、专业机构、相关领域专家，敏捷地拟订方案并贯彻执行。

第一节　建立敏捷响应机制

建立一套敏捷的响应机制是能够具备敏捷响应能力的前提。任何组织和个人都希望自己的决策正确，但正确的决策并非偶然，它不是大难临头时的灵机一动，也不是苦思冥想中的妙手偶得，而是需要有一套响应机制，以确保不确定性危机发生时，中枢决策机构在收到预警信息后，有专业的判断能力以及权力，及时做出决策和部署。

这套机制的首要动作是明确事件分级响应的流程和机制。对不同类型的不确定性事件进行分级，制定针对不同级别事件的具体分层级响应流程和机制，明确响应部门、职责与权力、联系方式、响应时间等。此外，还要充分考虑到特殊类型事件的情况，在敏捷响应机制的基础上，留有适当的灵活度，一事一议，以应

第4章 能力二：敏捷响应

对棘手突发情况，确保特殊情况下特殊处理的绿色通道可以及时开启。

另外，确保层级间的信息传达和反馈通路高效而透明。建立分层级的信息敏捷传递和反馈通路，以确保危机发生时，信息可以在同一层级以及跨层级间快速且不受阻碍的完整传达。中枢决策机构能够第一时间收到准确信息，及时做出决策和部署。

在敏捷响应机制方面，堪称抗击新冠肺炎典范的新加坡公共卫生体系可以成为一个绝佳的研究案例。

案例 8 新加坡应对公共卫生危机的敏捷响应机制

与美国、日本等国家相比，新加坡没有独立的突发公共卫生事件应对系统，而是建立了一个能够根据环境变化而快速反应的指挥系统和组织结构，可以根据突发事件的发展而迅速重组。

2003年，SARS疫情袭击新加坡，造成238人感染，33人死亡，这让新加坡政府意识到突发流行病可能会成为新加坡新的安全威胁。SARS疫情之后，新加坡政府成立了一个由9人组成的跨部门工作组（Multi-Ministry Task Force），并建立了预案制度，以确保发生重大公共卫生危机时，政府能够统一领导、集中决策并迅速行动。

这一工作小组在甲型H1N1流感以及新冠肺炎疫情期间均发挥了重要的指挥作用。2020年1月22日，也就是中国宣布进入全国抗击新冠肺炎的两天后，在许多国家尚在犹豫观望时，新加坡的跨部门工作组就已经开始启动，这个工作组由副总理担任顾问，卫生部部长和国家发展部部长担任双主席，跨部门工作组成员分别来自8个不同的政府部门。跨部门工作组基本每天都会开会讨论疫情及应对措施，并定期召开记者招待会宣布疫情发展状况以及重大应对措施。在关键节点时，领导人会公开发表讲话，稳定社会情绪。

2月初，面对民众不断蹿升的恐慌情绪，新加坡总理用3种语言录制了一段9分钟的视频，指出新冠肺炎致命性远低于SARS，并列出了一些民众可以采取的防止病毒传播的措施——比如，保持良好的卫生习惯，并向大众保证物资充足。同时，新加坡政府表示，政府对可能出现的恶化情况已经做好了准备[①]，如果确诊病例持续增加，政府将重新审视当前策略，这为疫情处置留好了余量，显示出新加坡的应对机制充满了灵活与弹性。这些表态极大地缓解了民众恐慌。[②]

除了灵活机动的跨部门小组机制外，完善的法律法规以及对相关法律法规的及时修订也成为新加坡应对大规模传染病的关键。

1976年，新加坡颁布《传染病法案》，到2020年2月28日，该法实现了第44次增补。[③]而这一次的增补，也就是在1月底新加

---

① 新加坡冷静应对疫情获世卫组织称赞，新浪，2020年2月12日。
② 新加坡冷静应对疫情获世卫组织称赞，新浪，2020年2月12日。
③ 新加坡《传染病法》第44次增补对完善我国公共卫生制度的启示，上海市法学会，2020年3月19日。

坡首现新冠肺炎输入性病例后的1个月内，增补将新型冠状病毒纳入附表二"危险传染病"中。有针对性地启动应对措施，明晰的准则和规范为疫情防控提供了有力支撑。①②

新加坡《传染病法案》由各政府部门、合作伙伴、相关方共同参与制定和实施，并对其进行定期评估和及时修订。法案主要保障突发公共卫生事件反应中的有效协调，并明确相关政府部门和各机构组织启动各类响应措施的权责。例如，第10条赋予医务人员广泛的通报权，即可以突破成文法、法律规则、职业规范或合同关于信息披露的任何限制，直接向医药服务局局长通报。

这些措施确保新加坡具备了明确的事件分级响应的流程和机制。对相关的部门、权责划分、响应速度、意外情况处理等提供严格的法律法规支持。其广泛通报权的设置除确保了在层级间的信息传达和反馈通路外，还另外设有特别的通道，保证预警信号可以不受干扰传达到决策层。

正是在这样完善而快速的反应机制下，新加坡在疫情应对上显示出了大多数国家不具有的高效，其抗疫成绩也受到了世卫组织等多方赞许。

在新加坡政府对新冠肺炎疫情的处理中，我们看到了其响应机制的敏捷，也看到了其机制中保存的灵活与弹性，而这对于反

---

① 周忠良.国外突发公共卫生时间应对体系比较［J］.人民论坛，2020（4）.
② 新加坡《传染病法》第44次增补对完善我国公共卫生制度的启示，上海市法学会，2020年3月19日。

应机制而言是必要的，因为在面对任何一场危机时，我们与危机的关系都像是敌暗我明的较量，我们可能在短时间内无法完全摸清对手的底细，也可能会有更加棘手的情况发生，这就要求我们的敏捷响应机制要有灵活性，以及时开启特殊情况、特殊处理的绿色通道。

在2009年美国为应对甲型H1N1暴发紧急启动的疫苗审批中，我们也可以看到弹性与灵活性的重要性。

案例9 争分夺秒的疫苗——甲型H1N1流感的应对

通常情况下，在美国，一款疫苗从开始研发到正式投入市场，中间可能需要经历长达几年甚至十几年的时间。因为生产一种新疫苗的程序涉及许多系列步骤，包括在疫苗完成初步研发和实验室研究之后，向美国食品和药物管理局（FDA）提交新药研究申请，然后进入长达数年的三期临床试验审查阶段，还有之后从安全角度出发，细致烦琐的多项审查，每个步骤都需要一定的时间来完成。①

2009年4月甲型H1N1流感发生后，美国加大了实验室对流感病毒的研究，FDA半个月内即批准一项新的疾病预防控制中心（CDC）检测试剂用于临床实验室诊断。在确认第一例感染病例后

---

① *Vaccine Product Approval Process*, US Food & Drug Administration.

第 4 章 能力二：敏捷响应

的第 6 天便开始着手研发疫苗，与包括世界卫生组织在内的国际组织、各国卫生部门合作，共同研发对抗甲型 H1N1 流感药物。

7 月，FDA 为疫苗临床试验审批提供绿色通道，不到两个月即批准了四款[①]防病毒疫苗以及新的流感疫苗生产工厂，并累计投入 80 多亿美元[②]用以生产全美国所需要的疫苗。到 10 月，美国开展全国甲型 H1N1 流感疫苗接种运动，并在 2010 年春天逐步遏制住疫情大暴发的势头。

从 2009 年 4 月于美国境内发现首例病例到 2010 年 10 月白宫宣布结束全国紧急状态，美国历时一年半的狙击甲型 H1N1 流感的历程绝非一帆风顺，但其在疫苗研发、临床测试、储备生产等环节的迅速行动与付出的努力值得认可。而这些成就主要得益于对于相关研究的重点投入（大幅度缩短研发周期），以及在危机之下有关手续的简化处理以加快疫苗的审批上市进程。

第二节　确保迅速精准出击

一旦敏捷响应启动，接下来最重要的就是确保消灭危机的动作要"快"且"准"，这主要指在不确定性危机发生后，应对变化的及时性和准确度。它强调了危机发生后，决策制定、方案拟定、

---

① 美国 FDA 批准四个甲型 H1N1 流感疫苗，环球财经，2009-09-16.
② 美国疾病预防控制中心甲型 H1N1 流感问题与解答，中国疾病预防控制中心。

执行效率等各方面的敏捷度和精准性。

精准出击有赖于敏捷响应机制的效率，当不确定性危机发生时，高效的响应机制可以迅速被唤醒运转，各层级响应部门职责清晰，做出正确的判断，准确地对不确定性事件及其发展趋势做出分析与研判，而这将是实现精准出击、快速出击的基础。

案例10　精准决策，快速应变
——中国对新冠肺炎的快速出击

2020年新冠肺炎疫情全球流行，此次疫情是一场历史罕见的人类危机，而应对这次危机也需要空前高效的决策高效。纵观疫情发展、病例数等变化，可以发现全球大多数国家的疫情发展呈现抗疫期、波动期和后疫情时代三个阶段。由于反应速度、采取措施时间和力度不同，不同国家整体发展进程的三个阶段持续时长不尽相同，但每阶段的发展态势相似。

在这其中，中国的战"疫"反应可谓是极为敏捷，初期的快速反应为中国遏制疫情的恶化、控制疫情的传播起到了关键的作用。

抗疫期是疫情暴发的初期，是疫情最不确定、复杂度最高的时期，也是最需要快速反应的时期。在这一时期，中国展现的是决策的速度与精度，以及极强的社会组织力。

第 4 章 能力二：敏捷响应

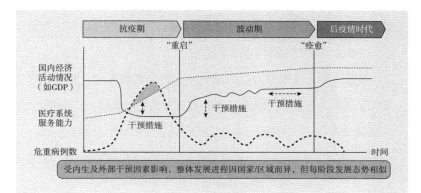

图 4.1　疫情发展三个阶段的特点

来源：BCG 分析。

时针拨回到 2020 年 1 月 19 日晚上。中国工程院院士钟南山登机离开武汉，一天后，他参加了国家卫生健康委员会在北京举办的新闻发布会，并在当晚的电视节目中向外界明确证实新冠肺炎"存在人传人的情况"。

1 月 20 日，国务院联防联控机制召开全国电视电话会议，对新冠肺炎疫情防控进行全面部署。国家卫生健康委员会成立新冠肺炎应对处置工作领导小组，中共中央总书记、国家主席、中央军委主席习近平和中共中央政治局常委、国务院总理李克强对疫情防治做出批示。中国的战"疫"之战正式打响。

1 月 23 日，武汉全市城市公交、地铁、轮渡、长途客运暂停运营，机场、火车站离汉通道暂时关闭，武汉封城。一座拥有超过 1 121 万人口的武汉短时间内停止了人口流动，病毒被控制在一定的范围。中国工程院院士钟南山的团队在《胸部疾病杂志》期刊发表论文，显示"如果推迟5天采取封城等干预措施，中国大陆地区的感染规模将达到目前的3倍"。①

当湖北和武汉确诊人数激增，医疗资源频频告急，超出疫区原有医疗系统承载力时，中国政府调集全国资源支援武汉抗疫。1月25日凌晨，450②名解放军医疗团队队员及一批医疗物资抵达武汉。在随后两个多月的时间里，全国各省共派出医疗队346支，共4.2万多人。③"一省帮一市"措施被提出，各省市有针对性地对湖北省各地市进行对口帮扶，这使得一线医疗状况得到极大改观。

面对床位紧缺状况，前方指挥部决定在武汉紧急建立应急医院。随即4万名建设者和几千台机械设备投入建设，拥有1 000张病床的武汉火神山医院仅用10天时间就实现了从完成设计方案到交付，而拥有1 600张床位的武汉雷神山医院从完成设计方案到交付也仅用了12天。另外用10多天建成的16座方舱医院，额外提供了1.4万余张床位。④

而在各地各层级机构全面动员，在全国范围内实现村、社区等最小单位全部封闭化管理，全国范围的快速反应，成为疫情防控的基础。

除了在初期以迅敏的速度对战"疫"做出响应外，随着疫情发

---

① 钟南山团队模型预测：若推迟5天干预，感染规模将增加两倍，环球科学，2020-03-3.
② 援军到了！数百名解放军医疗团队队员抵达武汉，中国新闻网，2020-01-25.
③ 致敬，新时代最可爱的人［N］.光明日报，2020-04-15.
④ 《抗击新冠肺炎疫情的中国行动》白皮书，2020-06.

展，中国政府在后期的每个抗疫阶段也都表现出了敏捷的响应能力。

从 2 月下旬开始，疫情初步稳定，关于复工复产的要求变多。浙江提出的基于不同县区风险等级的防控措施，逐渐被全国各地采用，这被称为分区分级差异化防控策略。2 月 21 日，国务院联防联控机制印发《企事业单位复工复产疫情防控措施指南》，只用了 3 天[①]，除湖北省、北京市等重点地区外，其余省份的主干公路卡点全部打通，经济社会运行秩序开始恢复。

然而防控并未结束。一个重要的情况是，当中国的防控见到成效时，意大利、西班牙等多个国家却相继暴发疫情。到 2020 年 8 月 11 日，全球绝大多数国家都暴发了新冠肺炎疫情，全球被感染人数超过 2 000 万。[②] 尽管中国开始进入后疫情时期，但面对国外的疫情，中国政府迅速采取了减少航线以降低人口流动，并要求中国公民回国前进行健康申报、严格检疫。

6 月与 10 月，北京和青岛再次出现零星病例。中国政府启动了局部紧急应对，这让当时正为疫情焦头烂额的各国再次看到了中国政府的反应速度。10 月 11 日，青岛发现 3 例新冠肺炎无症状感染者，全市立即组织开展大规模的流调排查和分类检测。到 10 月 15 日，零星病例出现 4 天后，青岛核酸检测采样就近 1 100 万份，几乎与青岛全市人口相当。与此同时，全国各地也随即展开摸排调查，对 9 月 27 日后往来青岛的人员进行监测和核酸测试。这些措施在极短时间

---

① 《抗击新冠肺炎疫情的中国行动》白皮书，2020-06.
② 全球确诊病例超 2000 万！这些国家形势不容乐观，新华网，2020-08-13.

> 内帮助青岛摸清了疫情情况,并将疫情迅速控制。

我们清晰地看到了中国在应对新冠肺炎疫情上的快速反应和高效应对,其快速决策和敏捷响应的能力让不少人感到惊讶与钦佩,正如世卫组织总干事谭德塞所言:"中方行动之快、规模之大,世所罕见。"①

对比之下,许多国家都因为反应不够迅速而陷入困境。不少研究者发现,如果能在预警信号被感知后更加快速地采取严格的社会隔离措施,许多国家的处境都将比实际表现好得多。

根据哥伦比亚大学最新的数据模型显示,如果美国能早行动两周,于3月1日起(当日,美国新冠肺炎总确诊人数为89例)实施居家隔离和社交距离等防疫措施,美国的新冠肺炎死亡人数可减少83%。而如果美国能早行动一周,于3月9日起(当日,美国新冠肺炎总确诊人数为717例)实施防疫措施,美国的新冠肺炎死亡人数可至少减少3.6万人。②

西班牙研究机构的数据模型显示,如果该国在3月7日之前,而不是一周之后的3月14日推行国家紧急条令,以及随之而来的"全民禁足令",西班牙受疫情的影响将下降62.3%。这将避免西

---

① 世卫组织总干事谭德塞为何多次称赞中国抗疫举措,央广网,2020-02-24.
② 哥伦比亚大学最新模型:美国封城只需提前一周,就能挽救3.6万条人命,南方前沿,2020-05-21.

班牙全国医疗系统因遭受挤兑而造成的瘫痪。①

不同的响应速度所带来的恢复效果往往差异巨大。从各国抗疫效果看，精准快速的响应与迟缓的响应，所带来的抗疫效果往往大相径庭。在应对新冠肺炎疫情的战"疫"中，果断决策与快速反应的能力，不仅是使疫情得到有效控制的必要手段，也是经济恢复的前提条件。

众所周知，疫情持续时间越久，经济重启也就愈加艰难。反应快且出手有力的中国、韩国等国家经济恢复都非常迅速，而在经济和抗疫之间举棋不定的国家，如英国、美国，却不得不面对疫情的反复。甚至一些国家在疫情好转后急于全面重启，导致新冠肺炎疫情出现反弹，让经济发展再度蒙上阴影。

我们做过一项研究，分析世界上饱受疫情影响的国家，疫情的持续时间②与GDP表现的关系。在这些国家之中，英国疫情的首轮暴发期持续近90天，这将有可能导致2020年英国GDP增长率萎缩超过10%；而与之相对应的是，在短时间内就迅速控制住疫情的中国、韩国，2020年GDP增速的预测下降幅度只有不到2%。综合数据分析的结果表明，对疫情的控制每拖延10天，整个国家的GDP下滑将超过1%。③从这个角度来说，在疫情面前

---

① 加泰地区死亡人数翻番，模型显示若早一周封城西班牙感染将减少62%，东方网，2020-04-17.
② 每百万人死亡人数比例≥0.1的持续天数。
③ 数据截至2020年6月15日。GDP数据来源：2020年6月经合组织《经济展望报告》，2020年6月世界银行《全球经济展望》，2020年第二季度欧睿国际《全球经济预测》，2020年4月IMF《世界经济展望》，2020年6月牛津经济研究院数据。

时间并非人类的朋友。

不仅仅是抗击新冠肺炎疫情，人类历史上众多国家崛起的主要原因之一就是当危机出现时，在正确的时间做出了正确的决策，并付诸了快速、持续的努力和行动。对于一个国家或社会组织、企业而言，如何用正确的打法瞄准正确的方向并主动出击，常常成为一个国家或一个企业摆脱困境、扭转局势的关键。

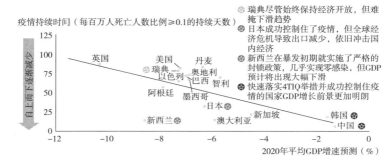

注：1. 巴西、阿根廷、墨西哥、智利和印度仍处于暴发阶段。趋势性 $R2=0.49$，P 值 $=0.00$，数据截至 2020 年 6 月 15 日；2. 疫情持续时间就每百万人死亡人数 ≥ 0.1 的持续天数；2. 按经合组织、世界银行、欧睿国际、IMF 和牛津经济研究院的预测数据均值计算；3. 着力于检测，追溯、跟踪、技术人群隔离、检疫隔离的政策。

图 4.2 疫情持续时间与 2020 年平均 GDP 增速预测

资料来源：2020 年 6 月经合组织《经济展望报告》，2020 年 6 月世界银行《全球经济展望》，2020 年第二季度欧睿国际《全球经济预测》，2020 年 4 月 IMF《世界经济展望》，2020 年 6 月牛津经济研究院数据，约翰斯·霍普金斯大学系统科学与工程中心；BCG。

案例11 审时度势，乘风破浪——新加坡的崛起

关于新加坡的独立，人们记住的第一幕，是新加坡国父李光耀的泪水。

1965年，新加坡被迫从马来西亚联邦独立。准确地说，新加坡是被逐出了马来西亚联邦。第二次世界大战结束后，从英联邦独立的新加坡以新加坡邦的形式加入了马来西亚联邦，被认为是在马来西亚大政府的庇护下生存。为了在这样一个联邦中寻求安全感，李光耀主张建立"马来西亚人的马来西亚"，而马来西亚国父东姑阿都拉曼的口号则是要建立"马来人的马来西亚"。

发布会上，深感新加坡国土面积狭小、自然资源匮乏的李光耀流下了眼泪，他称这一次为一生中除母亲去世外的唯一一次流泪。当时新加坡民生凋敝、社会动荡，而李光耀与新加坡的建国一代几乎是在废墟上庄严承诺，誓要建设一个成功的新加坡。

纵观新加坡从弱到强的发展历程，大致可分为三大阶段，但仔细探究，无论是在哪一阶段，新加坡崛起的"秘密"其实与任何国家崛起是共通的：敏锐地察觉外界环境所发生的变化；顺势而动，及时准确地调整自身船头的方向；以准确的研判和敏捷的行动，做出日后被历史证实的最佳策略。

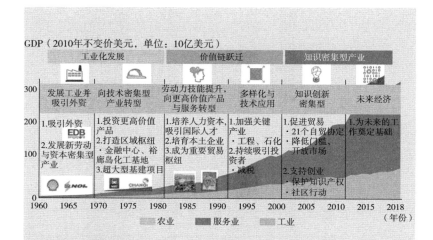

图 4.3　新加坡经济发展的三大阶段

资料来源：世界银行。

20 世纪 60 年代，新加坡发现战后西方发达国家产业结构调整的契机，于是果断出台政策，承接劳动密集型工业的转移，从进口替代型工业转向出口导向型工业，通过出口贸易拉动交通、金融等行业的成长。在当时"冷战"的国际环境下，新加坡开放了除公用事业、电信业以外的众多经济部门，取消了 300 余种关税，在税收、土地上实行优惠政策，大力引进外资，迅速实现经济跨越发展。

20 世纪 70 年代末，发达国家的进口出现萎缩，国内劳动力成本提高，新加坡政府迅速意识到产业升级的必要性，因时制宜地提出"第二次工业化"的方针，向技术密集型工业和资本密集型工业转型，推动机械化和自动化，并加快第三产业和基础设施布局。进入 20 世纪 80 年代，新加坡通过吸引国际高端人才，培育本土企业，逐步向提供高价值产品和服务转型。从 1981 年开始，新加坡先后实施"国家电脑化计划""国家 IT 计划"，在政府部门、企业、工厂推广电脑化应用，以实现国家技术化应用。

进入 21 世纪，应对世界经济形势的迅速变化，新加坡再次制定和调整发展战略，以知识经济为核心，发展高新技术产业和现代服务业，实施"IT2000–智慧岛计划""信息通信 21 世纪计划""全联新加坡计划""智慧国 2015 计划"等国家信息通信产业战略计划，走科技立国之道，推动智慧国家建设。

几十年来，新加坡时刻保持对世界工业、科技发展趋势的精准洞察和敏捷响应，这推动了新加坡的崛起。及时准确地调整发展战略，使新加坡形成了具有活力的多元经济结构，成为重要的国际性贸易、航运、金融中心，实现了国家经济的腾飞和社会的有序运行。

能否精准出击可以决定一个国家的兴衰。同样地，面对瞬息万变的商业世界，精准出击也会改变一个公司的命运。

案例 12　有收有放，再续盛宴
——荷兰阿斯麦（ASML Holding）在金融危机期间主动出击

你可能从未听说过荷兰科技公司阿斯麦，但如果你在阅读这本书的电子版，你所使用的产品中便包含阿斯麦的成果。阿斯麦是总部位于荷兰的半导体设备制造商，为半导体制造商提供用于芯片生产的核心设备——光刻机。该公司拥有2.45万余名员工，是半导体行业主要芯片制造商的供应商之一。

浏览阿斯麦的历史可以发现，全球金融危机之后阿斯麦的表现十分出色，2008—2019年，通过十年左右的时间，阿斯麦的收入增长了300%，达118亿欧元，EBITDA利润率翻了几乎一番，达27.4%。2008年初以来，该公司股价上涨超过1 100%。[①] 取得如此表现的一个关键原因是，公司在危机期间积极地采取了一系列正确的举措。

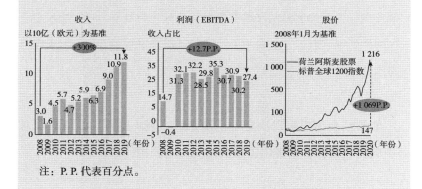

注：P.P.代表百分点。

图4.4 全球金融危机后，荷兰阿斯麦公司的规模、盈利和价值
资料来源：S & P Capital IQ，BCG分析。

2007年，阿斯麦的市场地位已经十分稳固，但它同样受到了

---

① *BCG Crisis Can Spark Transformation and Renewal*，BCG, Apr 2020.

2008年全球金融危机的影响。当市场对电子产品的需求放缓时，半导体制造商减少生产、设备支出，这很快就传导到行业上游的阿斯麦的财务报表上。阿斯麦的领导团队认识到，此时不能被动等待，而应主动出击，只有及时做出正确的反应，才能抓住机会，巩固其领先的市场地位。

2008年，公司将产品的多数零部件和组件的制造外包出去，同一年阿斯麦裁减了约1 000人（相当于12%的人力），并在2008年和2009年关闭了一些生产设施。通过一系列措施，阿斯麦在2008年节省了约3 000万欧元，2009年节省了2亿多欧元。[1]

另外，公司加大研发投入，2008年研发支出较2007年增长了近9%[2]，这些投入帮助阿斯麦开发了新的光刻技术和系统。阿斯麦在经济不确定的时期反其道而行之的加大研发投资的举措，使阿斯麦的市场占有率进一步提升，迫使其同期的一些竞争对手退出市场。此外，由于阿斯麦非常明确自己所需的人才类型，其在经济复苏后重新聘用了此前被裁减的约400名员工，同时阿斯麦遭遇不断寻找具备数字技能的人才。

通过对外界环境的趋势判断，精准地做出反应，阿斯麦在全球金融危机后的十年中一直表现强劲。

从中国的精准快速抗疫、新加坡与阿斯麦抓住时机崛起的事

---

[1] *BCG Crisis Can Spark Transformation and Renewal*，BCG, Apr 2020.
[2] *BCG Crisis Can Spark Transformation and Renewal*，BCG, Apr 2020.

例中，我们可以看到敏捷响应能力，尤其是在看到危机或者机遇时的精准出击所发挥的重要作用。

而想要做到精准出击，首先要确保在不确定性危机发生时，整个响应机制的正常运转，同时对于局势做出专业而精准的判断。在这些要素得到确保的情况下，政府或企业所要做的就是在一个恰当的时机以最快的速度精准出击，一击制胜。

这三个案例也对我们构建敏捷响应能力提供了启示和参考。

通过对敏捷响应能力的阐述，我们认为建设社会／政府韧性、城市韧性、企业／组织韧性、个人韧性在敏捷响应方面应该做到：

（1）社会／政府韧性

第一，明确事件分级响应的流程和机制。对不同类型的不确定性事件进行分级，制定针对不同级别事件的具体分层级响应流程和机制，明确响应部门、职责与权力、联系方式和响应时间等。此外，充分考虑特殊类型事件的情况，在敏捷响应机制的基础上，留有适当的灵活度，一事一议，以应对棘手的突发情况，确保特殊情况下特殊处理的绿色通道可以及时开启。

第二，确保层级间的信息传达和反馈通路高效而透明。建立分层级的信息敏捷传递和反馈通路和机制，以确保危机发生时，信息可以在同一层级以及跨层级间快速且不受阻碍地完整传达。中枢决策机构能够第一时间收到准确信息，及时做出决策和部署。

第三，保证不确定危机发生时，响应机制正常运转。在预先设计的响应机制中，厘清并明确不同级别的事件，各层级响应部门的职责和运行要求，并将具体的职责要求和权力通过相应的法律法规体现并及时更新。

第四，迅速做出正确的判断。接收预警信号后，基于专业而准确的判断，在第一时间对不确定性事件做出反应，果断决策，敏捷地拟订方案、贯彻执行，及时把控和遏制不确定性事件的发展及其负面影响。

针对不同类型的事件，及时引入政府相关责任部门、专业机构、领域专家等，形成专家管理体系，准确地对标确定性事件及其发展趋势做出分析与研判。

（2）城市韧性

完善与城市危机相关的分级响应决策及处理机制，强化市民的应急能力。细化城市及下属区县各类型风险点相关的应急处理预案，明确危机时市政府及下属部门的责任和权力划分。建立分层级的信息反馈通路和机制，以确保危机发生时，可以第一时间快速且不受阻碍地接收前线的准确信息，并及时向更高层级的组织完整传达。根据危机的层级，及时果断地启动相应的危机应对机制，及时有效地控制危机的蔓延和传播。同时，加强市民社区网络应急能力建设，如建立基层应急响应机制，组建社区紧急小组及志愿者小组，在学校、医院、工作场所普及应急技能培训等。

（3）企业/组织韧性

第一，明确企业内部风险事件的分级响应流程和机制。对各类内外部的企业经营风险事件进行分级，制定针对不同级别事件的具体分级响应流程和机制。明确响应部门、职责与权力、响应时间等。此外，充分考虑棘手的突发情况，如影响股东利益等重大风险事件，一事一议的特殊信息反馈和处理渠道。

第二，确保企业各层级间信息传达和反馈通路高效透明。建立企业内部信息敏捷传递和反馈通路，确保企业风险事件发生时，信息可以在同一层级以及跨层级间快速且不受阻碍地完整传达。企业领导能够第一时间收到准确信息，及时做出决策和部署。

第三，企业高层能够精准做出商业决策，果断出击。面对商业冲击，企业领导层及时与相关部门的同事了解事态情况，准确地对商业风险和发展趋势做出评估，并形成商业方案，带领企业做出积极的应对。

（4）个人韧性

第一，个体要能够快速理解和适应变化、复杂的外部环境，持续学习，有能力将其复杂情况分解为一系列相对简单的问题。为能够在千变万化的大环境中确定方向，个体需要有能力辨认和理解外部环境，正确分析错综复杂的信息，并基于经验和关于未来的不完整信息进行快速学习和决策。换言之，如果要在当前的动荡环境中绘制发展路线，人们必须习惯并接受"不确定性"与"复杂性"。在不确定的世界里，僵化的规则无法帮助达到预期的目标，最好的解决方案是通过学习和不断适应变化得出的。

第二，高韧性的领导者应当能够破除官僚作风，科学决策。

能够组建跨职能的工作组并赋予其决策权,在必要时,暂停常规情景下的决策程序,因为常规程序可能过于繁冗,需要多重审批和共识。高韧性的领导者应可以根据最佳的可用信息敏捷地做出决定,并在获得更好的信息时进行修订。

第 5 章

能力三：指挥协作

在决策者明确行动方案之后,指挥协作能力便是快速反应阶段的第二个制胜法宝。它强调的是,在中枢的指挥统筹下,体系内的成员通过分工协作实现资源的高效配置,进而避免内部竞争,协作共谋,以应对不确定性。指挥协作能力与敏捷响应能力共同决定着危机得到控制的速度和效果。

指挥协作能力是指在应对危机和不确定性时,社会/政府、城市、企业/组织、个人在最短的时间内,在共同的目标指引下,合理发挥每个社会成员的效用,分工协作,共建生态,以应对不确定性,进而敏捷地对危机做出响应。

指挥协作能力与三个关键要素密切相关:一是自上而下的统筹,二是横向的紧密合作,三是充分地发挥不同组织的优势。具体来说:

第一,中央统筹引导,地方灵活实施。在危机应对过程中,首先需要明确应对不确定性事件的指挥主体的角色,明晰所涉及主体的权责并合理分工,使组织作为一个有机协调的整体面对不确定性,而非各自为战。

第二，各区域板块之间协同支持，资源共享。除了指挥者强有力的动员统筹能力外，在危机下，不同业务、区域、上下游之间也需要加强横向协作，与整个体系分工协作，共建生态以应对不确定性，通过资源互补与共享，共同承担，维护生态稳定。

第三，公私协作，共同应对。充分借力不同类型组织的特长和能力，使不同类型的组织积极参与危机应对，并在相应的体系内开展分工协作，促进社会各类资源的合作与整合，共同应对不确定性。

第一节　统筹分工，各司其职

协作如果想要实现高效，就需要合理分工，结合每个人的特点发挥特长，而这其中最重要的角色莫过于指挥者。如同一支军队中的统帅、一艘巨轮上的船长，指挥者决定着广泛的动员协作能否发生且高效，同时也在一定程度上决定着协作的生死存亡。

面临社会性危机时，政府就必须承担这一使命，扮演关键的统筹协调角色。尽管不同制度下政府的运作方式千差万别，但就政府而言，最首要的任务就是明确应对不确定性事件的指挥主体的角色，并明确危机时中心与地方的角色与分工，统筹引导、协调和调度各类社会组织的作用和功能，保证团体的有效配合，进而有效平缓冲击。

如果角色定义清晰、分工明确，不同层级政府机构将形成解决问题的合力；而如果不同层级政府的动员和统筹不利，则社会整体可能陷入内部的斗争和损耗。2020年对新冠肺炎疫情的应对过程中，不同国家政府在动员协作上的能力的对比尤为明显。

> **案例13　统筹引导，应对时势——中国对抗新冠肺炎疫情的"中央统筹、地方自主"模式**
>
> 在幅员辽阔、人口基数庞大的中国，应对新冠肺炎疫情需要中央的强统筹能力以及各地区分工的高度配合。在疫情期间，中国政府采用了"中央统筹、地方自主"的合作机制。
>
> 从中央统筹的层面上来说，在疫情初期的2020年1月下旬，"中央应对新型冠状病毒感染肺炎疫情工作领导小组"成立，这是由中共中央成立的全国决策指挥机构[①]，同时下设多个部门组成的生活物资保障组等小组，统一协调全国抗疫。
>
> 而在全国各级管理机构的层面上，由当地主要领导担任负责人的抗疫指挥部等相继成立，成为抗疫时期各地的指挥协调机构，负责本区域抗击疫情的各项工作。
>
> 随着2020年1月下旬新冠肺炎疫情形势陡然紧张，社会运转节奏被打乱，各类防疫资源陷入严重短缺，政府立即启动"战时"模式，通过集中调度，提高资源配置效率。

---

① 李克强主持召开中央应对新型冠状病毒感染肺炎疫情工作领导小组会议，中国政府网，2020-01-26.

面对激增的确诊人数，为扩充收治能力，政府从全国各地调集4万名建设者和几千台机械设备，在12天之内建成分别有1 000张和1 600张病床位的武汉火神山医院和武汉雷神山医院。面对轻症患者数量的急剧增长，政府组织将一批体育场馆、会展中心等改造成16家方舱医院，床位达到1.4万余张。地方省市则根据需要自主决定新建或改建本地医院，以应对疫情暴发的可能。

当储备资源告罄在即时，生活物资保障组协调全国资源，动员组织生产实体灵活扩产扩能。一批企业转产生产抗疫物资，如军服供应商际华股份转产防护服，3502个工厂以4.5万套[1]的日产效率满足了全国1/3的需求。据不完全统计，随着动员协调服装、母婴、能源、汽车等各类企业短时间内转产扩产，中国的口罩生产能力已经从疫情初期日产1 000万余只，到2月底时日产突破亿只[2]。

除武汉等重点地区外，随疫情的渐趋稳定，为使经济生产尽快恢复正常水平，政府决定由各地政府自主决定复工复产的时间和措施。在严控疫情的前提下，受疫情影响较弱的西部地区率先复工复产，2月4日起北京、上海等地也陆续出台关于复工复产的相关通知，分区分级恢复生产秩序。

这些抗疫动作表明，在中国的抗疫与经济恢复过程中，中央政府起到了极强的全盘统筹协调的作用，这在中国被称为"全国

---

[1] 每天4.5万套，军服供应商转产防护服11天日产量完虐行业第一，搜狐网，2020-02-21.

[2] 日产口罩过亿，为何还不好买，新华网，2020-03-13.

上下一盘棋";而地方政府也有着清晰的角色,保留相当大的自主权,在完成中央政府提出的需求外,各地政府也因时因地制宜地提出诸多措施,推动了抗疫胜利与经济的快速复苏。

案例 14 统筹缺失,无序竞争
——美国新冠肺炎疫情初期防疫用品价格哄抬

相对于中国、韩国、新加坡等国对于疫情迅速有力且富有成效的应对,美国、英国等多个国家政府的抗疫措施则备受批评。尤其在疫情暴发初期的美国,联邦政府与州政府之间、部门与部门之间分工不明、权责不清,甚至在基本的应对策略上都存在重大分歧,因此加剧了三四月份美国应对疫情时的混乱局面。

2020 年 3 月底,当时新冠肺炎疫情重灾区纽约州的州长在一场发布会上抱怨州内目前面临大量呼吸机短缺的问题。面对即将到来的全州疫情高峰,纽约州采购呼吸机的计划陷入了尴尬的境地。

如果说联邦政府和州政府有序统筹和分工互助能够产生"1+1>2"的高效资源配置,那么各自为政的无组织状态则会加剧突发事件带来的破坏力。在应对疫情初期的美国,缺乏全国层面的基于统一目标的协作和统筹机制,引发了美国各州、城市、医院和联邦机构之间的采购竞争,形成不良的内部竞争,导致抗击疫情付出了惊人代价。

作为美国初期疫情的中心,纽约州的确诊病例一度占到了全国近一半①，急需大量医疗用品和设备。然而，纽约州却迟迟未能等到所需的救人治病的物资。随着疫情的暴发，美国民众和医院对医疗用品和设备的需求远远超过日常水平，这导致全国陷入了自谋生路的资源争抢，甚至联邦紧急事务管理局（FEMA）也参与竞价。"所以是 FEMA 把价格哄抬了上去，这都是什么事？明明原本就该由 FEMA 来采购，然后按需分配给各州。"科莫批评道。②

由统筹缺失导致的效率低下并不是最为严峻的问题。竞价导致关乎人命的医疗用品价格不断攀升，防疫资源未能流向需求最为迫切、当时处在生命攸关期的地区才是更为棘手的矛盾。此时，单纯依靠市场的调配机制，难以将本就有限且关乎人命的医疗物资合理地调配并发挥出其最大的效用。

因缺乏相关机构的统筹介入，物资恐慌加剧，想方设法囤积物资的各州竞价进一步推升了抗疫物资的价格。在疫情初期，各州、城市、医院、联邦机构和分销商因缺乏统筹与协作，资源管理混乱，抗疫物资的价格达到了前所未有的水平。

在纽约州，平常不到 5 美分的一次性手套的采购价格达到 20 美分；平常售价 3 万~8 万美元的便携式 X 光机价格逼近 25 万美元；口罩的价格则高达 7.5 美元，约为正常价格的 15 倍。据估计，纽约州医疗因物资采购和收入减少的总额将达到 150 亿美元。被迫承担代价的不仅仅是纽约州，美国海岸警卫队通过承包商海港清理

---

① 感染人数三天翻一倍，是什么让纽约成了美国疫情"震中"，央视新闻，2020-03-25.
② 纽约州长：美国各州竞价购买中国呼吸机 [N]. 环球时报，2020-04-01.

> 公司（Clean Harbors）于 3 月 17 日以 5 美元一个的价格订购了 100 万个 N95 口罩。由于价格不断攀升，随后海岸警卫队将订单降至 20 万个，最后竟不得不全部取消。[①]
>
> 在疫情初期不良且激烈的内部资源竞争下，高昂的价格不仅使正常的采购方难以承受，农村诊所等财力薄弱的医疗机构更是无法获得关乎生存的供应而错失了治病救人的机会，许多人的生命因物资不到位而逝去，缺乏统筹和协作的代价不可谓不惨重。

从中国抗疫的"全国上下一盘棋"与美国抗疫初期的无序相比，很明显可以看出，危机时明确指挥者以及各层级之间的角色分工，对于实现高效协作、带领组织摆脱危机起着非常重要的作用。因此在任何一场危机面前，都应避免"群龙无首"的局面，同时运用领导者的指挥能力对危机做出应对。

第二节 横向协作，并肩作战

除了指挥者强力的统筹分工外，在危机时，不同业务、区域、上下游之间需要加强协作，尤其要注意建立起应急合作机制，携手共进才能共同承担、维护住生态的稳定。

这实际上包含两大重点：一是有效机制的建立，这是硬性力量的约束，它是确保合作能够顺利开展的前提；二是不同业务、区域、

---

① 疫情告急 美国纽约州 15 倍高价采购医疗器材，央视新闻，2020-04-05.

上下游之间要能实现"万众一心",这是推动共同协作的软性力量。

这两大重点对于政府和企业的启示是,在危机时,政府和企业应加强跨部门协作和上下游帮扶,积极在生态系统的内外展开合作,共同抵御冲击以助力企业或社会走出困境。

> ## 案例 15　患难相扶 共克时艰
> ## ——携手抵御新冠肺炎疫情的冲击
>
> 当危机和不确定性袭来,没有任何主体可以独善其身。除了自上而下的指挥与统筹,危机的克服还需要各类主体积极开展横向的协作,通过资源互补与共享,利用自身优势,合理配置,发挥各自的能力,彼此帮扶。在中国抗击新冠肺炎疫情期间,我们看到众多企业开展了跨部门协作和上下游帮扶,在生态系统的内外积极展开了合作,共同抵御冲击。
>
> 在危机面前,首先,企业内部的各部门应灵活变通,提升跨部门协作的能力,打破部门墙,协同一致抗击外在危机。
>
> 受疫情影响,春节期间,数百万人取消机票、度假改期,为应对这一紧急情况,中国某在线旅行服务企业快速调动内部的 IT、客户服务、商务、法务、财务和宣传团队协同作战,共同解决问题。例如,IT 与客户服务团队合作开发出了方便客户的"一键提交"和"一键取消"订单处理功能;商务团队与各合作伙伴的领导层进行沟通,针对取消订单达成了统一的处理方式;宣传团队与 IT

团队合作,确保修订后的政策第一时间在网上向客户发布。这种横向的跨部门协作在应对危机期间起到了至关重要的作用,不仅帮助妥善应对疫情,还保证了企业良好的市场声誉。①

其次,产业链内的上下游也同舟共济,迅速展开协作,对接资源,利用各自的优势,协助彼此调配物资以应对危机。

面对突如其来的新冠肺炎疫情,医疗物资的匮乏让初期的抗疫工作陷入了困难,中国某大型医药集团希望尝试从全球各洲和各市场开展采购,与当地的供应商进行沟通和谈判,筹集口罩、防护服等亟须医疗物资,但因缺乏相关贸易经验,事情的推进并不顺利。而就在此时,另一家大型国际贸易和运输企业向他们提供了帮助。两家企业携手合作,共同组建了6个专门的联合团队,共同奔赴全球各地,通过各自的专业和资源优势共享,紧密合作,最终从30个国家和地区采购了数以万计的紧缺的口罩、防护服、医用帽、护目镜等医疗物资,在有限的时间内实现了效率的最大化,共同支援了疫情防控一线。②

再次,面对疫情,企业也应在各自的生态系统中结合自身的资源与优势,通过多样化的方式积极开展合作,以减轻疫情的负面效应。

以中国数字化生态系统为例,企业积极共享自己的技术、平台,以应对线下转入线上的工作模式。如腾讯免费开放会议协同

---

① 中国企业的11条抗疫经验,值得全球学习,哈佛商业评论。
② 央企协作,共克时艰——国药国际与中国海航携手"抗疫"。

功能，助力全民"线上办公"；一些企业通过扩展现有生态系统，与协作伙伴灵活"共享"员工，由于网络销售的激增，盒马鲜生等 O2O 企业采用了员工共享模式，"借调"并"租用"了大量受疫情影响的餐厅、酒店和连锁影院的员工，作为临时的送货及服务人员；也有企业通过发挥技术优势，帮助传统线下企业迅速将销售和服务迁移至线上，缓解经济衰退造成的影响，如帮助传统企业推出线上应用程序，让消费者买到工厂直供的产品等。①

最后，许多企业也积极开展跨生态系统的协作，互帮互助，渡过难关。以餐饮生态系统为例，面对疫情带来的现金流冲击，一部分银行和投资机构迅速连通各个餐饮集团，在短时间内点对点提供救助与合作。疫情初期由许多投资人、媒体人发起的"餐饮融资贷款行动"公益活动，帮助餐饮企业与银行以及各类资本机构取得联系，为餐饮企业开启急速融资通道，以维持企业的基本现金流。半个月之内，共计 100 多家金融机构加入行动，为多达 200 家餐饮企业提供了紧需的资金援助。②

当市场环境剧烈变动时，个体凭一己之力难以覆盖所有环节，并在差异化较大的多领域均达成战略目标，那么社会主体可以通过与其所在体系的分工协作、共建生态以应对不确定性。对于企业而言，可以建立与外部伙伴的合作生态系统，借力生态系统，

---

① *How Chinese Digital Ecosystems Battled COVID-19*, July 22, 2020.
② 如何在疫情中"活"下来，餐饮企业的自救互助之路，2020-02-17.

完成自身的战略目标，同时实现生态的共赢。

案例16　整合资源，合作共赢——苹果的生态系统

近年来，生态系统一词频繁地出现在企业管理的流行词典中。我们的一项研究发现，在企业年报中，"生态系统"一词出现的频率约为10年前的13倍。众多新的业务生态系统在不同行业被建立。例如，2019年初，沃博联（Walgreens Boots Alliance）宣布，在微软的帮助下，将建立一个"生态系统"，将药店与患者、保险公司与当地的医疗服务提供者联系起来；另外还有加拿大政府宣布支持新的航空航天创新"生态系统"等。

产生这一趋势的主要原因，是政府和企业与外部合作伙伴建立良好的生态系统合作，可以抵御外界环境的多样化、不确定性和波动性，分散长环节和环境差异化带来的风险。很多科技企业已走在建立生态系统的前列，这其中一个最典型的案例就是苹果公司，它在智能手机领域成功借力生态系统，通过资源整合，实现了多种策略转变和生态共赢。

在20世纪90年代后期，苹果公司最初的增长路线已经耗尽动力。公司在坚持自身专有方法的同时转变开发硬件和软件的策略，将其限制为手机市场上的小众玩家，阻碍了其在价格上的竞争力。

苹果很快意识到，只有改变策略，才能渡过瓶颈。1997年的Macworld大会上，史蒂夫·乔布斯明确表示"苹果生活在一个生态

系统里，它需要其他伙伴的帮助"。后来的发展证明，创建生态系统、整合资源合作共赢是苹果公司继续获得成功的重要策略之一。

就苹果公司而言，内容创造和 App 开发业务需随着消费者需求和竞争格局的变化而快速迭代，而零件制造和组装业务则更依赖规模化和传统方法，而当时整个智能手机行业也处于持续的动态变化中。因此，苹果公司通过选择塑造生态系统与各方企业协作，而非选择独自部署所有的战略规划，借此帮助苹果完成多样化的战略诉求，同时也助力生态系统中的合作伙伴取得成功。为此苹果建立了 iTunes 商店、App Store 等通用平台，惠及生态系统内的各方合作伙伴。

苹果的生态系统之所以能够成功有三大因素不能忽视。首先，在考虑生态系统时，需要明确哪种类型是实现价值主张的最佳方法。打造解决方案的生态系统和交易生态系统都是可行的，我们越来越多地看到单一模式和混合形式之间的转变和融合。例如，Apple iPhone 最初是一个解决方案生态系统，但是在 App Store 推出后，它也成为销售和市场应用的平台。

其次，在生态系统中，先行者的优势是有限的。市场上出现的第一个玩家不一定能取得优势，而只有成为提供完整解决方案的第一人才有可能获得先行者优势。苹果 iPod 并不是第一个数字音乐播放器，但它是第一个通过将硬件产品与 iTunes 音乐管理软件结合在一起提供全面解决方案的软件。

最后，从建立生态系统竞争优势的角度上看，最有效的防御措施是确保提供最佳的整体生态系统解决方案，当竞争发生在系

> 统级别的生态系统之间，仅拥有高级产品或平台是远远不够的。黑莓在数据安全性、键盘和电池寿命方面都要优于 iPhone，但苹果通过其生态系统提供了更好的总体解决方案，最终战胜了黑莓。
>
> 　　苹果公司凭借整合资源而打造的生态系统，在智能手机领域实现了多类型策略风格的部署，最终取得成功。但需要注意的是，生态系统的建立有时只适用于复杂的商业情景，因为其成本较高且存在合作风险，比如搭建 iTunes、App Store 等平台的成本、企业为激励第三方参与而必须让利、弱化对企业运营的把控而带来的风险等。

　　从中国中央与地方政府的协同抗疫与分工合作中，我们看到了拥有指挥者明确的指引和统筹的重要性；苹果通过建立生态系统的合作模式取得在智能硬件领域的巨大优势也指明了生态系统在协作中的重要意义。当这些要素都具备，我们需要做的就是这个群体中的每一个人积极的协作。在应对不确定性时，所有值得依靠的力量都应该被拉入自己的阵营，每多一份力量，就意味着多一份战胜危机的可能。

第三节　公私协作，共同应对

　　对于一些存在明显的公营机构、私营机构区分的社会，更应该注意对所有力量的调动。因为在某些文化中，社会危机常常被认为是公营机构发挥社会责任的主战场，但实际上此时应公私协作，共同应对。充分借力不同类型组织的特长和能力，使其均积极参与危机应对，同时在相应的体系内进行分工协作，促进社会各类资源的合作与整合，共同应对不确定情况。

案例 17　抗击埃博拉——公私组织携手冲锋

一个值得注意的现象是，在西非抗击埃博拉的各类组织群体中，私营组织扮演了一个非常重要的角色。在不少人的认知中，像埃博拉这样的公共卫生事件，各个国际组织和国家的公共卫生部门才是这场战斗的主角。而实际上，在这个人类与病毒的战场，私营组织也在其中冲锋陷阵。

BCG 也是其中的一员。BCG 专设了一支团队对联合国辅助成立的核心应对组织（UNMEER）提供支持，共赴一线参与抗击埃博拉，并在过程中收集了诸多珍贵的一手资料。2015 年，BCG 与世界经济论坛共同发布了报告《把控未来传染病的风险与影响：看公私合作的多种模式》，解读了危机中私营企业能够发挥的巨大力量与背后的动机与激励。

从客观角度而言，私营领域的大量研究以及技术往往可以为疾病防控工作提供新的契机。而且私营部门也意识到，突发公共卫生事件很可能对企业员工、客户和经营造成更为广泛的重大影响，重创国民经济，对企业的主要投资构成重大威胁。无论公营还是私营，没有任何一家机构在面对突发公共卫生事件时能够幸免。

因此，在联合国辅助成立的核心应对组织（UNMEER）的统一协调下，私营组织为公共部门主导的防疫工作提供了必要的补充和强力支持。他们不仅通过捐赠参与抗疫，同时提供必要的能力和专长，帮助有效应对突发公共卫生事件。在西非埃博拉危机中便涌现了三类私营组织，扮演了三种不同角色。

第一，本地运营者。本地运营者因为在疫情国家拥有大量业务或客户，所以其所受的影响最直接，也最严重。他们参与抗击埃博拉的意愿也相当强，同时他们更了解当地的情况，拥有在当地运营的基础，因此可在疫情前线发挥不可小觑的力量。首先，本地运营者提供开展抗疫工作所需的重要本地能力。本地运营者可以为当地员工和社区提供疾病教育项目，建立埃博拉病毒筛查机制，并建设埃博拉治疗设施等，协助当地迅速动员和组织抗疫工作。其次，本地运营者利用其自身网络来动员或倡导抗疫工作的关键要素，在影响本国决策制定方面发挥重要作用。最后，本地运营者还可以在预警、国际援助、经济复苏等多维度做出贡献。

从西非抗击埃博拉的经验来看，本地运营者通常最有动力采取行动，且行动迅速。但在与本地运营者的协作上，需要平日的协作积累，而非疫情期间的临时创建。这要求社会需要加大投资，建立起良好的合作机制，以促进公私协作沟通、节约时间，而这些正是危急时刻的宝贵资产。只有这样，公共部门才能在危机时刻将这些协作机制与国家层面的联合抗疫计划紧密结合起来。

第二，专项能力者。私营组织可扮演的第二个角色是提供卫生危机所需的专业能力,包括供应链和物流、通信技术、生物制药研发、数据分析金融与咨询服务。在西非埃博拉抗疫行动中,各组织为公私部门联合抗疫行动贡献专家服务或专业能力。物流企业迅速就位,以支持食品运输以及卫生工作者的通行,药企和医学诊断类企业加速研发进程,通信技术供应商则帮助定位及部署当地通信中心的战略,技术开发者开发创新的数据管理软件和硬件等。BCG便为利比里亚与塞拉利昂政府提供了人力与组织咨询,帮助他们进行组织绩效管理与评估以及运营规划。

在与专项能力者的协作中,我们发现有两个决定性的因素。一是在抗疫前如有已经确立的合作机制,则能够提升与专业行业接触联络的顺利程度;二是监管的复杂度会影响各组织间联络的有效性。因此,在与专向能力者的协作中,提前建立相关机制和监管合规流程极为关键。

第三,远程贡献者。最后一类私营组织是那些愿意支持抗疫工作、但未在疫区运营,且没有前述核心能力的组织。这些企业五花八门,规模、区域和产业都不尽相同。它们常常是受到企业社会责任感驱动,或有积极关切该议题的领导人,又或在疫区或抗疫活动中可能有非直接商业利益。在紧急卫生事件发生时,该类参与者因为企业数量巨大,并能相对灵活地调配资源,能带来巨大价值。

最为直接的是远程贡献者为公共部门提供宝贵的各类抗疫资源,如现金、医疗物资、防护装备和车辆等。特别是在公共采购速度缓慢、难度较大时,这些资源就显得尤为珍贵。

第5章 能力三：指挥协作

> 在与远程贡献者的协作中，我们发现难点在于大部分此类的私营组织都很难找到最适合的参与方式。公私部门之间缺乏沟通，导致双方对于角色、预期、所需响应和现有支持资源的理解混乱不清，从而常常造成危机。因此，长远来看，建立明确的参与和沟通机制，支持远程贡献者为抗疫活动提供有效的贡献是重中之重。

从西非埃博拉公私协作的经验，我们总结出三点与公私协作中的关键元素。首先，协作机制应尽早建立，合作关系需要提前培养，这样在危机来临之时才能产生信任和高效协作的成果。其次，改变思维模式，不要将私营组织仅仅视为资金的来源，私营组织可以为抗疫提供广泛的知识、能力与专长，应该思考如何让私营组织在公共领域更好地发挥伙伴作用。最后，是共同探索创新的抗疫方式，如数据的保护与打通，以及以数字化为基础的更广泛的协作。[1]

结合上述案例与表述，我们从统筹分工、横向协作、公私力量等三方面对指挥协作能力进行了洞察和阐释。这也对我们围绕指挥协作能力构建韧性提供了关键参考，提供了相应的、可以采取的关键举措的建议。

通过对指挥协作能力的阐述，我们认为建设社会／政府韧性、

---

[1] *Managing the risk and impact of future epidemics: options for public-private cooperation*, World Economic Forum.

城市韧性、企业/组织韧性、个人韧性在指挥协作方面应该做到：

（1）社会/政府韧性

第一，中央政府发挥统筹引导作用，地方政府灵活实施。在危机应对过程中，由权威的中央政府统筹引领，明确危机应对的整体方针与原则，并明确各地方政府的权责，允许遵循原则前提下的灵活空间，使整个公共部门作为一个有机协调的整体来面对不确定性，而非各自为战。发挥中央政府在统筹、引导、协调各类社会组织的分工方面的作用，保证合作的高效性和社会资源的最优配置，有效平缓冲击。

第二，各地方政府互相支持，资源共享。除了中央政府强大的指挥统筹能力，在危机时不同区域的各级地方政府也需要加强横向协作，无条件支持调配物资、人力、资金等资源，为其他地区提供补充支持，彼此帮扶，共同应对危机。

除了区域上鼓励各地方各级政府之间协作之外，也应当鼓励跨领域、范畴的协作，建立同一目标下的功能集群（priority cluster）[①]，从保障公民利益角度出发思考协作整合方式。例如，为实现公民的终身教育与学习目标，人力资源和社会保障部门与教育部门可以形成一个功能集群，在关键功能上接轨，更好地实现目标。

第三，加强公共部门与私人部门、社会部门的协作，共同应

---

① *Blueprint for the Government of the Future*, BCG.

对危机。充分借力不同类型组织的特长和能力，例如，企业的市场营销、市场教育能力，社会部门的咨询经验与国际视野，鼓励多方主体积极参与危机应对，促进社会各类资源的有效整合，共同应对不确定性。

（2）城市韧性

响应国家的指挥和统筹，构建城市大脑平台，指引区县政府的行动方案部署，积极开展城市群之间、城市群内部以及城市内的多重协作。基于危机事件的性质和级别，明确市政府与上级国家政府、下级区县政府、社区之间的分工和协作。在重大危机时需确保各级政府的目标一致、资源统筹利用、资金保障到位。同时地方政府基于国家统一的目标和指导原则，结合本地的实际情况，灵活部署本地的应对方案。构建"城市大脑"智慧平台，实现信息化指挥与协作机制。相关的应急指挥部门应与城市的相关责任部门建立完善的合作机制，做到联动响应、资源调用最大化。此外，地方政府根据需要还应与周边城市建立信息共享与帮扶协作等机制。

（3）企业／组织韧性

第一，企业总部给予清晰指引，统筹各部门共同应对危机。在应对风险事件的过程中，总部给出明晰的指引和方案安排，明确分工和职责，指挥各分部形成一个有机的整体应对商业危机。同时协调各部门的运作，以确保企业资源的最优配置。

第二,加强企业各部门之间的协作,以及企业在生态系统中与各利益相关方的协作。打破企业内部的"部门墙"及"区域隔阂",确保在遇到危机时,企业不同业务部门、区域分部之间能高效横向协作。同时,与生态系统中的利益相关方加强合作,当危机来临时,通过资源互补与共享,发挥各自优势,共同维护生态系统稳定。

(4) 个人韧性

第一,领导者采用"任务式指挥"原则。源自普鲁士军队的任务式指挥(Commander's Intent)的概念,是指不向部队发出频繁变化的具体指示,只发布关键的目标及其基本原则,允许士兵在面临具体情况时,采取任何必要的战术来实现目标。这种原则使得前线能够随机应变,有效减少时间延迟,从而将重点放在执行而不是内部沟通上。

第二,善于与他人进行协作,追求互惠共赢,提升个人与组织的价值。高韧性的个体不仅关注危机中自身的发展与生存,同时也关注其他个体的情况,创建双赢的解决方案。高韧性的个体有意愿搭建合作的平台,与他人进行协作、组成团队、互相帮扶与支持,共同抵御和渡过危机。

第 6 章

能力四：动员沟通

快速反应阶段的动员沟通能力强调在应对不确定性事件时，通畅的信息交流是有效配置社会资源的前提，更是稳定民心、凝聚共识的关键。动员沟通能力是敏捷响应能力和指挥协作能力奏效的保障，三者共同决定着危机得到控制的速度和效果。

动员沟通能力需遵守两大关键：首先是发挥"动员"力，统一思想，发动基层民众；其次是透明"沟通"，稳定民心。

"动员"一词最早为军事术语，是指国家召集军队及物资，在短期内动员大量和平时期非军事人员，采取紧急措施，由平时状态转入战时状态，统一调动人力、物力、财力为战争服务，为全面战争做准备的军事行动。现在指广泛地发动人们加入、参与某项活动。

"沟通"则是发动动员的关键手段，是指在应对不确定性的大规模社会性事件过程中，事件的主导方能够进行专业、透明、恰当的宣导，通过不同的渠道设计多样的形式，向不同层面和站在不同角度的人，及时传递权威、准确的信息，通过有效的沟通来稳定社会与民心，并实现社会资源最有效的调用。

想要实现动员沟通能力,需要从以下几个具体的行动方案入手:

第一,统一思想,发动基层。通过建立有效的动员机制和方式,在思想上达成共识,并在行动上落实与践行,在危机时刻,在最短的时间内组织调用各类资源,以强化快速决策和协作方案的效用,实现资源的最大化配置。

第二,稳定民心,及时、透明地进行沟通。通过适宜的沟通渠道和策略,与被救助成员建立起紧密联系,强化动员协作的效用,实现资源的有效利用。这要求在沟通方式上,做到透明公开、一致权威,并结合具体案例说明,传统与新媒体渠道并行,通过专家等权威信息宣导,避免谣言和混乱信息。

动员沟通在眼下的信息世界中看起来并不困难,但信息传播的过程可能会受到噪声的干扰。如何让信息准确、高效地传达给组织中的每一个人,并且调动他们参与的积极性实则困难重重。

在大规模不确定事件中,动员沟通存在两大难题:一是如何能在短时间内充分调动各方资源并确保资源最有效地进行配置;二是在今天这样一个信息爆炸的时代,接收者常常接收到真实与虚假混杂的信息,信息内容的不确定性之大,能实现透明且精准的沟通殊为不易。

当应急机制启动,决策已定,拿出高效的协作方案后,如何在短时间内统一思想,组织和团结一切社会力量,以获取各方的支持以调动资源,此时就需要发挥强大的组织力和动员力。

第6章 能力四：动员沟通

第一节 动员的力量

中国政府的动员力量之所以强大，离不开以下三个方面的原因和特点。

首先是强大的统一领导其表现形式主要为通过自上而下式的主导性来推动、动员，带有一定的要求，这一点不同于其他组织形式下的动员。例如，在2020年抗击新冠肺炎疫情中的动员，习近平总书记强调，"疫情防控要坚持全国一盘棋。各级党委和政府必须坚决服从党中央统一指挥、统一协调、统一调度，做到令行禁止"。

其次是动员方式，即价值的宣传、引导和思想认同工作。也有自身独有的三大特点。

一是选择群众喜闻乐见、通俗易懂的动员形式，即动员方式贴合群众特点、大众性强。比如，在新中国成立初期，为了动员团结工人阶级，在工厂里向工人宣讲和启蒙马克思主义，就讲解"天"字，"工""人"两个字摞在一起就是天，而"工人"就是天。再如，在农村地区，为了动员文化基础薄弱的农民，通过办识字班、戏剧社等老百姓喜闻乐见的方式，开展群众动员活动。

二是找准动员机制的触发点，即要动员一群人的时候，从哪里作为起点和突破口是很关键的。在抗击新冠肺炎疫情的过程中，习近平总书记多次做出重要部署，强调"把人民生命安全和身体健康摆在第一位""尽最大可能挽救更多患者生命""最大限度提高治愈率、降低病亡率"等，也是紧紧地把握住并回应了人民群众最迫切的需要。

三是广泛发动群众，即动员的开始是自上而下的主导，但动员之后是自下而上的参与。比如，此次中国的抗疫之所以能够在较短的时期内取得巨大的成效，与广泛发动群众参与防控工作，基层社区严防严控的落实是分不开的。中国政府把区域治理、部门治理、行业治理、单位治理有机结合起来，让居委会、村委会、物业公司、业委会、网格员、志愿者等各方力量，有序地参与到基层疫情防控斗争中来。发动群众相互监督，守望相助，从而遏制了疫情蔓延的势头。

正是这样独有的、以行为和解决实际问题为导向的动员机制，使得动员不仅停留在思想和口号层面上，更重要的是行为的改进、实践的效果，进而确保动员工作的实际成效。

同样值得关注的，还有中国政府与民众沟通策略的进化。尤其是在新冠肺炎疫情期间的沟通，对于凝聚合力抗击疫情起到了极其重要的作用。

第二节　沟通的策略

案例18　透明、及时，一致、权威
——新冠肺炎疫情期间中国政府的沟通策略

在2020年初的新冠肺炎疫情中，病例数据时时刻刻都面临更新，以何种频率沟通、如何以易于接受的方式将信息准确传达给民众，

对各国政府提出了前所未有的新要求。在此过程中，中国政府充分发挥权威信息，以透明及时的沟通、多途径多维度的方式为世界提供了借鉴经验。

在官方渠道发布方面，中国政府不断增加发布频次，以透明、权威、及时的姿态将最准确的疫情信息第一时间交到民众手上。2019年12月31日，武汉政府网站首次发布疫情相关信息，随着疫情波及范围不断扩大、形势日益严峻，国家卫健委于1月21日起每日定时发布实时数据，随后卫健委英文网站也实现了数据同步。

信息高透明度的实现不仅体现在发布频次的增加上，同时也得益于沟通渠道的多样化覆盖，综合运用各种媒介手段确保信息被更多民众知悉。据统计，在疫情暴发的4个月内，国务院组织新闻发布会161场，各省市共举办1 153场新闻发布会，并于2020年1月25日起在发布数据信息的同时为公众提供了6版预防指南。

从沟通内容方面，特别注重结合具体的案例和相关活动信息等进行发布和分析。此举加深了个体民众对疫情发展的直观感受，以及案例与自身的关联度，强化了沟通的实际效果。

实时更新，当天沟通，结合案例，确保来自官方应对新冠肺炎疫情的危机沟通信息数据保持一致、清晰，避免了各平台、各机构信息不同步所造成的混乱，给民众吃下了"定心丸"。

除了官方发布外，社交媒体、公众号等更符合民众接收信息的方式也被引入辟谣和阻断混乱的沟通中，以应对危机期间易于产生谣言和信息混乱的风险。疫情发生后，鉴于可能面临的长时间、常态化抗疫压力，中国政府进一步整合布局沟通策略。首先，将心理危机预防纳入疫情防控中，钟南山、张文宏等医学大家现身说法，借助专业力量普及专业知识，让民众更易理解疫情的真实现状。同时，对公众的心理干预也离不开各类社交媒介的及时辟谣，如一些医疗自媒体在网络上针对新冠肺炎疫情期间的各类"网传""听说"类谣言信息，通过医学专家和一线医生科学、严谨的分析，使民众获得更权威的防疫建议。

除了严肃、专业的沟通者外，更具地方特色的沟通方式也使各地方城乡群众能够接收到最易于理解的信息。如四川泸县用无人机进行抗疫知识普及，用四川方言高空广播喊话劝导，受到民众的欢迎，为严肃的疫情主题注入温情。乡里乡亲式的亲切关怀使民众更容易被动员，零距离、全方位地宣导沟通稳定了民心。

从中国在疫情期间应对危机可以看到，沟通对稳定社会和民心的重要作用。对于政府而言，在重大危机中，除了透明及时、通过多渠道发布权威信息外，沟通的有效性更多地需要以人为本进行沟通，它要求在沟通时从"人"的角度出发，以关怀人、爱护人为根本，以当下环境中的"人"可理解、接受的语言出发，进行有效沟通。

案例19 "以人为本"
——从西非葬礼看埃博拉抗疫中的社区沟通

埃博拉，一种烈性传染病病毒，其引起的埃博拉出血热

（EBHF）是当今世界上最致命的病毒性出血热。平均病死率约为50%，在以往疫情中出现的病死率甚至高达90%[①]。它一度在非洲肆虐，至今仍然时有发生。

2014年在西非出现的疫情是1976年首次发现埃博拉病毒以来发生的最大且最复杂的一次，2014年西非埃博拉疫情暴发后，BCG加入WHO应急响应团队，共赴西非一线抗击疫情。

纵观埃博拉病毒的整个生命周期，尸体是最易感染的传播途径。因为在西非传统的丧葬仪式中，清洗和拥抱死者是必不可缺的步骤，所以葬礼环节已成为主要的传染来源。我们意识到，除非提高葬礼安全性，否则干预措施便无法奏效。基于曾在利比里亚行动中的逝者埋葬策略经验，应急团队制定了完美的"以病毒为本"的计划，找到了出色的执行合作方，并通过广播公告、采用社交手段开展动员，甚至已初战告捷。一切看似准备就绪，但这一切只是一厢情愿，因为方案遭到多个社区的抵制。

更深一步地研究为何遭遇阻力，我们发现，西非丧葬仪式植根于古老的文化传统，即葬礼必须遵循古法，由家属亲力亲为，这是帮助死者灵魂安然升天的必备仪式。在西非的许多社区，人们勤俭一生就是为了死得体面，有时葬礼的花费甚至要超过婚礼。因此人们坚持自行埋葬死者，或者在负责埋葬的专业人员到来之前迅速清洗尸体。

有时这种抵制公开且激烈。专业人员一旦靠近村庄，便会遭

---

① 埃博拉病毒病，世界卫生组织，2019年5月30日。

遇袭击。人们这样做并非出于无知。有一名男子及其7名家人在埋葬亡父的过程中感染病毒，他却说，他可能会死，但是如果不能妥善埋葬自己的父亲，活着又有何用呢？

"以病毒为本"的决策和策略依托科学逻辑，人的行为却是基于情感、传统和信仰的。每个人是家庭、社区，乃至各种族和宗教团体的一分子，大家都希望亲自照顾病患，他们想陪伴、拥抱临终垂死的亲友。显然，尽管应急团队试图采取安全且有尊严的埋葬方式，但若得不到民众支持，就无法战胜埃博拉病毒。

为了找到更好的与当地社区沟通交流的方式，BCG团队向研究社区的人类学专家进行了请教。这些沟通使我们深入地理解了当地社区的文化、传统和习俗，例如，收殓袋应该从黑色改为白色，这样更符合当地的传统习俗等。

在听取了专家的建议后，BCG团队改变了原有的策略。首先，我们不再只是为民众制定解决方案让他们来遵守，而是走进社区，在制定方案和采取任何措施前，与民众进行交流，听取民众的疑问和顾虑，并与他们一起协作制定方案。

其次，我们让社区领导者参与应急规划会议，了解社区已经采取的应对方案和具备的资源，并在此基础之上做进一步安排。我们重新调整原有的应急响应协议、工作流程、团队架构和相关机构。

再次，我们大大加强了与当地社区领袖的沟通和协作，并招募本社区居民加入我们的团队。比如，将来自本地村庄的年轻人纳入负责埋葬患者遗体的团队，让民众感觉更亲切，以增加当地社区家庭的信心，信赖我们会遵守当地的仪式。此外，当有尸体需要被带走处理的时候,我们会邀请牧师,也就是当地社区的宗教领袖,一同前往社区内的家庭。在社区领导者的帮助下,我们还共同召集感染后幸存下来的人来分享自己的故事,以转变当地居民对政府的不信任感,平息埃博拉病毒是外国或本国政府想要杀死他们的阴谋论谣言。

最后,我们花了大量的时间来设计逝世民众的纪念馆,我们不断向各个社区的民众征询他们对纪念馆设计的想法和要求,如是否为死者命名,是否使用蜡烛,是否允许外界参观和接触等。

渐渐地,这样的协作方式获得了公众的信任,抗疫人员开始被民众接纳。民众主动建言献策,民众会主动拨打热线电话,通知工作人员周围有人去世或染病;民众建议我们关闭救护车的警笛以减少所带来的不必要关注。不久之后,基于社区的协作方案就开始取得成效,感染率大大降低。有了这样的经验,我们在后期的社区抗疫中便会投入资源了解当地的传统和信仰、梳理本地网络、找到当地有影响力的人、确定社区的架构体系,以便在下一场危机暴发时可以快速激活。

结合中国政府的组织和动员力、中国在疫情期间及时透明的沟通以及BCG团队参与抗击埃博拉时的沟通方式,从动员组织、沟通方式、以人为本等三个方面对动员沟通能力进行了洞察和阐释。想要做好动员沟通,我们需要采取以下关键举措。

通过对动员沟通能力的阐述,我们认为建设社会/政府韧性、城市韧性、企业/组织韧性、个人韧性在动员沟通方面应该做到:

(1) 社会／政府韧性

第一，建立统一的公众沟通界面（Single face of government），[①]保障官方权威信息发布的一致性。政府应根据公众的需求设计沟通方式，而非按照发布者的便利性进行沟通；应集合众多部门的信息与服务，通过整合，提供便捷的、对用户有用的信息。统一的界面不代表所有的信息都应通过同一个渠道提供，而是明确信息内涵的一致性，通过整合政府端多部门、多领域的信息，为公众提供一致的信息内容。

第二，运用多种媒介与渠道发布信息，保证受众差异化覆盖，充分发动基层。如新闻发布会等面向记者，官媒、高级官员的电视讲话等面向民众。采取日常沟通语言传达大众信息，面对国际舆论加强英文沟通。保障信息高效、一致地传达至各级群体。

第三，传达有效信息，提升信息透明度，打造政府与民众互信体系。沟通中注重群众意见，积极分享基于事实的信息，如传染病危机中提供疫情发展情况、政府预案以及对公众预防的建议等。第一时间发布信息、压缩谣言空间，避免重大危机下公众因接收到错误、虚假信息导致的不必要恐慌。

(2) 城市韧性

第一，充分调动城市内社区网格等组织，提高基层组织参与度，

[①] *Start Building the Government of the Future*, BCG.

共同应对危机。在遇到危机时，充分发挥社区等基层组织的重要作用，因为基层才是距离市民最近的地方，是各类危机联防联控的第一线。通过在基层组织中（如社区内）成立紧急小组、志愿者小组等，加强一线危机防控措施的落实，有效遏制危机的扩散与蔓延。

第二，加大对社区等基层组织的技术支持和保障。动员基层组织的核心在于，一方面要加强对基层工作的支持力度，如克服形式主义和官僚主义，避免多头重复向基层派任务，同时加大技术化和信息化投入，提高工作效率。另一方面，从上层的指挥和责任部门人员下沉到一线，促进城市内各层级组织力量的整合形成合力，夯实并提升基层的工作力量和能力。

第三，公开城市应急部署及危机进展的相关信息，及时、透明地与市民进行沟通，做好民意管理。通过本地化的沟通渠道和公众发布会等形式及时向市民公开城市、区县、社区等各个级别政府的危机应对方案，及时通报城市当前的危机处理进展和后续方案，并公开城市应急指挥部门的联系方式，确保市民可通过统一、权威的平台实时了解城市危机应对的最新情况以及最专业的解读，防止流言的传播。此外，组织城市相关的媒体和专业人员等提供科学有效的应急措施和对抗危机的指导，避免慌乱情绪扩散。

（3）企业/组织韧性

第一，加强员工对企业文化的认同感，建立员工间共识。重视企业文化的打造和教育，建立并加强与基层员工的联结，使得企业上下层级在思想上达成共识，在商业危机中充分调动每名员工的积极性，以强化敏捷决策和协作方案的效用。

第二，展开及时透明的沟通手段，稳定企业内部情绪，主动采取公关应对措施。对内，及时与企业内部员工共享企业处理危机的态度、动态及进展，减少员工的不安情绪；对外，做好危机公关，通过适宜和透明的沟通渠道向股东与消费者沟通，表明企业的积极应对态度，减少对企业的影响。

（4）个人韧性

第一，以同理心理解他人的想法与诉求，领导者调动团队的参与积极性，建立集体共识，迈向同一个目标：理解同事、竞争对手以及其他利益相关方的需求，对他人的行动进行合理预测，在各组织内发挥影响力。领导者通过充分发挥动员组织、发动团队的力量，围绕共同的目标和价值观将员工团结在一起，维系在冲击下的组织稳定性，共同应对危机。

第二，通过更及时化与人性化的沟通，确保领导者与团队成员之间的联结。提高对员工的关切度，关注组织成员间的情感连接，创造成员间更深层次的投入和认同。借助动态、同步的决策机制来支持，从而确保团队成员交流的即时化、各成员对彼此的职责和动态清晰掌握，关心保障团队的利益。通过"信任""连接"等有温度的沟通，"及时坦诚"地公布决策，阐明背后的原因。

第三，给予身边人群更多的关怀与倾听，关注周围人群的心理健康和需求。倾听与关心他人，帮助每个人建立起强大的内心，抵御冲击带来的不安与束手无措，抚平由危机造成的心理伤害。

第 7 章
能力五：分散缓冲

危机的爆发常常突然降临，其所带来的负面影响却难以立即消失。快速反应能帮助我们在短期内应对危机，危机所造成的冲击和破坏却常常无法在短期内迅速修复。这时我们便进入了抗压恢复阶段。

　　抗压恢复阶段需要分散缓冲能力。分散缓冲能力为整个社会体系正常运行提供足量缓冲，通过适时的调整和充足的储备，使社会面临重大不确定性的猝然袭击时能够幸存，甚至保持系统稳健，从而更迅速地从危机中恢复。

　　分散缓冲能力包括两大部分：一是"分散"，即模块化组织，通过保障系统之内的各组成部分互相独立、单独运作，从而可以以小模块的形式进行快速试错，防范系统性崩溃；二是"缓冲"，即后备体系，通过筹建一套机制为各部分提供补充，能够帮助系统更好地承受冲击，防范某一功能的失效乃至系统性的溃败。具体而言：

　　第一，建立后备体系，缓冲意外冲击。通过建立核心运营要素、能力、财务的备用体系，提升风险抵抗能力，从而应对突发性冲击和供应中断，为危机期的持续运营保驾护航。

第二，构建模块化结构，防止系统性崩溃。以界面联结清晰的独立模块形式建造体系，单体模块在合适时聚集，受威胁时分离，从而在危机下可快速部署，规避单个模块而引发的系统性故障。

第一节　建立后备缓冲体系，应对潜在威胁

如果我们给"缓冲"下一个定义，它是指通过建立备用体系，以最大限度地抵御意外冲击的缓冲机制。尽管建立后备缓冲体系有时会以牺牲一定的效率为代价，且可能会带来更高的成本，却是在外部环境难以预测的压力下，续命和维持生存的利器。适当保留重复性元素，打造后备缓冲体系，是面临外界环境所带来突然性冲击的救命稻草。

后备缓冲体系其实十分常见，生物系统中就孕育着最原始的后备系统。大自然是由水循环、热力环流等各个部分构成的庞杂生态系统，生活在各个微环境中的个体不仅要应对四季极具差异的气候变化，同时也要面临来自随时可能降临的极端天气与自然灾害的种种不确定性。在亿万年的演进过程中，地球生态和生物界通过进化出一套具有后备缓冲组织的动态体系，找到了自己独特的生存之道。

案例 20　生命体的"后备计划"

新陈代谢、生老病死是万物运行的常态,当现有的部分无法支持有机体的持续发展时,自然界往往已经提前做好了更替准备。尤其是对维系生存起核心作用的关键机能体而言,倘若此类部分受损而没有"备用计划",将对生物体的生存产生致命威胁。因此,生命体在进化历程中演化出了提前储备、发育备用体系以应对不时之需。

生物体体内的备用计划首先体现在养分和能量的提前储备上。以脂肪为例,由脂肪组成的、在通常情况下难以消耗的赘肉常常令现代人感到困扰,而事实上,大多数动物体内存有的一定比例脂肪储备,正是生物体最常见的备用缓冲体系之一。

单位脂肪所含能量远大于相同单位糖类物质,当遇到极端挑战或者特殊环境,比如,突然的食物断绝,生物体就可以启用脂肪储备,释放出生命运转必备的营养物质以度过危机。比如,生存于资源匮乏的沙漠地区的骆驼,在其高高隆起的驼峰中储存了大量胶质的脂肪,当骆驼在沙漠中长途行走、又饿又渴时,驼峰内的脂肪就会分解,变成体内急需的营养和水分,为生命延续提供缓冲和保障。

除了提前储备更多养分,生物体还进化出一套"生长备用"的方案。有些生物体在生长发育过程中,在除正常生命活动所需的功能性机体外,还会生长出一些额外的功能机体,作为随时可以启用的"备胎"。

这类现象在草本植物（特别是禾本科植物）中普遍存在，许多植物为自己预留了平时不起作用的休眠芽和不定芽。当意外来临，如植物的幼苗或者主干遭受损伤或折断，休眠芽和不定芽便可以迅速萌生成枝条，对受损的茎或枝快速进行自我修复，甚至替代受损的主干。

人体自身在某种程度上也留存了"备胎"，比如肾脏，尽管一个健康的肾就完全能维持一个人的排泄和分泌功能，但两个肾脏就相当于有了双重的保险，避免了因为一个肾脏受损，人体毒素无法代谢而使整个机体陷入无法正常运作的危险境地。

而在生物界之外，在社会、城市建设方面，各国政府也都在进行着后备体系的建设。比如，各个国家建立的粮食、石油等战略物资储备体系，其目的就在于一旦供应出现风险，能够及时使用后备资源进行补充，确保国家度过危机。中国从 1993 年开始筹备建立国家战略石油储备体系，到 2018 年，中国国家石油储备体系可以确保在出现供应风险时满足整个国家 30 天的使用。①

而对于企业而言，打造后备体系主要可以通过两种形式来实现：功能缓冲和财务缓冲。

---

① 我国的石油储备体系［OL］.［2018-10］. http://www.cnpc.com.cn/syzs/yqcy/201812/8b868169220143448efc39b06a5c69af.shtml.

一、建立功能缓冲，预防和对冲突发风险

功能缓冲，是指将包括库存、产能、关键部件和部门熟练技工等在内的核心功能要素，进行备用配置，也就是进行备份。比如，配置多个工厂生产同一产品，或由多个供应商供应同一款产品，或保有不同性质但可以发挥相同功能的元素。这些功能性后备缓冲是遇到危机时抗压恢复的关键支撑，它有助于社会主体妥善应对冲击和供应中断，帮助企业实现对经营风险的预防和对冲。

但在常规的业务规划过程中，企业往往抵触冗余，因为企业认为这不利于企业实现精益化和提升效率。高效率却过于精简的业务模式可能会由于抗风险能力低下而引发灾难性的后果。因此，如果想要建设有韧性的企业，就非常有必要在一定程度上让渡短期效率，保留备份冗余。

> **案例 21　适度保留重复性元素，建立缓冲系统**
> **——爱立信的供应链危机与丰田的快速复工**
>
> 20 世纪 90 年代，当时全球领先的移动手机制造商爱立信出于精益运营和效率的考量，对核心零部件采取了单一供应商采购战略，这一战略部署在常规的业务情境下确实为爱立信带来了颇为显著的成本下降以及运营效率的提升。
>
> 但 2000 年的一场火灾彻底打乱了爱立信的节奏。同年 3 月，

其单一供应商——飞利浦的一家微芯片工厂因突发大火而彻底停工，爱立信因缺乏备用体系准备，一时间无法找到其他供应商维系业务的正常运转。

在市场需求最旺盛的时候，爱立信公司由于短缺数百万个芯片，一款非常重要的新型手机无法推出，眼睁睁地失去了市场。爱立信公司高管不无懊悔，"可惜的是，我们当时没有第二个可选择的方案"。当年，爱立信的移动手机业务停产数月，损失达17亿美元，这被认为是爱立信手机最终走向被收购命运的重要推动因素之一。①

在汽车、手机、计算机等制造业中，多供应商已经成为行业的普遍解决方案，在某一个核心产品供应上，有的企业安排了第一供应商、第二供应商甚至是第三、第四供应商，核心目的就是建立功能缓冲。

以精益生产闻名的日本丰田，也曾面对过爱立信遭遇的险境，但丰田以成本效益极高的方式通过备用体系实现业务缓冲。

1997年，丰田P-valves产品（用于控制后轮压力，防止汽车打滑）的唯一供应商爱信精机发生灾难性的火灾，整个工厂付之一炬，多条生产线都在火灾中被烧毁，恐需停产至少数周以上。丰田的业务韧性因此受到了终极考验，汽车生产遭遇急刹车。

但丰田和爱信精机立刻联合向200多家合作伙伴寻求支持，最终仅用6天时间就实现了全面复工。虽然只有爱信精机具备

---

① 爱立信停止手机生产的起因竟然是一场火灾，2001年2月。https://m.zol.com.cn/article/1335.html.

> P-valves 产品的生产经验和知识，但丰田通过启动备用体系，在其供应商网络内进行协同管理，与其他供应商迅速、顺畅地对接，重新安排生产规划，填补产能缺口，最终恢复了汽车生产。

从爱立信、丰田等案例不难发现，在后备缓冲能力的系统中，多个组件的工作内容有所重叠，可发挥后备替补作用。当一个组件失灵时，其他组件可以迅速发挥同样的职能。这也是企业建立的功能性缓冲增强企业韧性的意义，不过除了功能性缓冲，财务缓冲同样可以发挥巨大作用。

二、建立财务缓冲，减轻危机影响或伺机出击

财务缓冲是指保有充沛的现金流动性以及低负债率，当营收承受更深程度或更长时间的冲击时，财务缓冲可以为企业主体在危机期间起到缓冲作用。此外，现金能力更强或者债务比例更低的企业还可以在严重的危机中趁势低价收购物超所值的资产，从而建立长期优势。

BCG 研究发现，通常高韧性企业的负债率更低、现金也更为充足。数据表明，高韧性企业的债务权益比率一般比同行业平均水平低 16%，而现金与运营成本比率则高出 27%。[1] 这表明企业有更强的长期偿债能力与更强的运营能力。

---

[1] *Become an all-Weather Company*, BCG, Jul 20, 2020.

相较于功能性缓冲，在经济社会中，财务缓冲的作用更像是一份提前购买的保险，让企业在面对较为长期的压力时更为安全，不至于惊慌失措。财务缓冲也是一种更为主观可控的备用缓冲体系，在面临危机时为企业提供了多种选择的可能性，甚至带来创造长期竞争性优势的机会。

社会三体难以凭借财务缓冲这一单一能力而建立全面的抗压恢复优势，但充足的财务储备却是实施其他运营举措的重要前提和关键保障，尤其在整体社会的现金流动性出现严重短缺的情况下。

案例22 受益于良好债务表现，雪佛龙在危机中伺机而动

美国石油巨头雪佛龙在 80%[1] 的危机季度中表现均优于同业，部分原因在于其债务状况保持良好，保留了相当可观的现金。雪佛龙的管理层在资本支出上始终较为克制、表现得当。

2014年后，全球石油价格大幅下跌，不少石油巨头的营收、利润和现金流遭到重创，与多数同行在行情下行的情况下依然斥巨资回购股票的做法不同，雪佛龙早早调整策略暂停了股票回购，以削减资本支出。

财务缓冲能力的重要衡量指标之一便是危机前的债务状况。

---

[1] *Become an all-Weather Company*, BCG, Jul 20, 2020.

2020 年，雪佛龙的债务/企业价值比率不到行业平均水平的 1/3[①]，因此更具灵活性。凭借充沛的现金流，雪佛龙塑造了自身的财务缓冲能力，不仅在危机期间建立起了自身的抗压恢复优势，更为自己积累了在危机期间抓住机遇的资本。

2020 年 7 月，正当绝大多数石油企业在垂死线上挣扎、整个行业陷入"并购荒"时，雪佛龙斥资 50 亿美元，以换股形式收购诺贝尔能源公司，这是自新冠肺炎疫情暴发以来美国首笔大型能源收购交易。

诺贝尔能源公司有着近百年的悠久历史，是拥有众多优质资产组合的、聚焦地中海天然气和美国页岩气的独立能源公司。而在这场收购的 5 个月前，诺贝尔能源公司的市值还高达 90 亿美元，较雪佛龙的报价高出 80%。在更早的 2014 年，其股价曾高达 70 美元/股，约为雪佛龙出价的 7 倍。

在一次讨论并购的会议上，有分析师问及诺贝尔能源公司首席执行官为何接受雪佛龙偏低的报价。CEO 回应称，也曾多方寻求其他公司的报价，但未能找到更合适的买家。[②]

而金融机构 MKM Partners 发布的研究报告显示，雪佛龙 2020 年将产生 13 亿美元的自由现金流，在 2022—2025 年能产生约 15% 的企业回报。[③] 正是稳健的财务缓冲能力，给予了雪佛龙在危机中以明显低于众多业内人士预期的价格拿下了诺贝尔能源。

---

① *Become an all-Weather Company*, BCG, Jul 20, 2020.
② 雪佛龙"捡漏"并购诺贝尔能源，环球周刊，2020 年 7 月 31 日。
③ *MKM Partners Starts Chevron（CVX）at Buy*, StreetInsider, Sep 24, 2020.

案例 23　强健的财务缓冲能力，Bulova 把握危机中的机遇

面对危机时，企业如果能够游刃有余地在短期内调整应对，并且妥善落实适应性的举措，比如，在短期内妥善管理现金、调整供应链等，就可以收获不错的回报。而如果一个企业具备强财务缓冲能力，便可趁势攻占新高地，打造新优势。

曾占据领先地位的两大美国手表制造商宝路华（Bulova）和华尔顿（Waltham）迥异的命运就显示出了财务缓冲对长期发展的价值。

20 世纪 20 年代至 40 年代，美国遭遇了一连串经济危机，Bulova 和 Waltham 均受到了经济危机的影响。两家公司积极采取应对举措，如在大萧条时期延长零售商的付款期限，后来又在第二次世界大战期间成功转产战争所需设备仪器。

但在另外一些应对措施上，两家公司却显示出了截然不同的做法：Waltham 实行严格的成本管理，缩减广告和创新支出，以及销售和分销投资；而反观 Bulova，它不断投资新的优势领域，收购了多个国内外竞争对手，并且将投资和创新并举。其间，Bulova 还发布了全球第一个电视广告，创下业内首个百万美元级别的广告活动纪录，并且率先在电子时针和时钟收音机领域进行创新等。

在 Bulova 如此大张旗鼓地推进多项投资、没有选择和 Waltham 一样"节衣缩食"地度过危机的原因之一，就是 Bulova 拥有强健的财务缓冲能力。充沛的财力使得这一系列在当时看来颇为激进的策

> 略变为可能，同时也为建立抗压恢复优势提供了保障，让 Bulova 的选择可以更为多样和灵活。
>
> 最终的结局是，Bulova 股票跻身为当时表现最佳的十大股票之一，在 1931—1954 年，公司市值增长了 24 倍了[①]而在孤寂的角落里，Waltham 最终不幸停产。

通过以上两个案例，我们不难发现，财务缓冲不仅可以在营收承受深程度或长时间的冲击时，为运营的维系保驾护航，帮助企业建立抗压恢复优势，从而提升长期的韧性；更为重要的是，财务缓冲也为各社会主体在危机中提供了更多的选择和可能性，使它们有机会在危机中把握住一些意想不到的"物美价廉"的机遇，或者在危机中追加投入以推进大规模改革，趁机重塑竞争格局，建立中长期竞争优势。

回顾后备缓冲体系，我们发现，在高复杂、高依赖的系统之内，每个模块的正常运行都至关重要，因而建立后备缓冲体系将极大程度地防范单一模块出错，从而避免大规模的系统崩溃。

不过从长远来看，除了建立后备缓冲体系，建立彼此独立、分散的模块化结构可以使社会具备更强大韧性能力，也就是改变系统间强关联、高度脆弱的连接，杜绝某一种类型的模块失效后所导致的系统崩溃。随着系统变得更大、更复杂、更相互依存，重塑比修缮更重要。

---

① *Advantage Beyond the Crisis, BCG*，Apr 21, 2020.

第二节　构建模块化结构，避免体系化崩溃

"模块化"是近些年的热词。在许多语境下都有其应用。在汽车、软件等研发中的模块化，指的是把研发划分成多个模块，同步推进。美国等国家军队的模块化建设，是将曾经大而全的部队划分成小而精的独立作战单元，适应多种任务的需要。其他涉及的概念还包括模块化建筑、模块化手机等。

而我们提到"韧性"中的模块化，是指将系统分为独立的、有机组成的不同单元，也就是"模块"，使得单个模块可以快速试错、迭代而不会引发系统故障。同时，整个系统通过模块化的联结，确保模块间的界面清晰，而不是错综复杂。因此可以使我们在突发危机时或压力下更快地重新进行部署。

还记得人体在对抗病毒时参战的淋巴细胞吗？它包含了100多个我们已知的淋巴细胞亚群，在战斗中它们互为后备，独立作战又彼此保障，保证在一个部分出现失误时不会导致全军覆没。

同样的运作机制在军队中也可以共通。以往军队的作战单元以师为单位，火力、侦察等功能分别独立成旅或团，而在中国、美国等国的军事改革中，将师一级细分重组为旅一级单元，将各功能单元融入每一个作战旅或支援旅之中，使每一个旅都具备完全独立作战或支援能力，避免出现因为某个功能出现缺失，难以完成军事任务的情况。

尽管模块化可能在一定程度上放弃了紧密联结的体系效率和联

动动能,但它不至于因系统间的高依赖性和复杂度而产生严重的多米诺骨牌效应,从而建立起在危机时的抗压恢复优势和灵活性。

模块化能力的构建可以通过将不同功能或财务的模块进行分离来实现。

一、功能模块化:模块化联结,防止系统性崩溃

功能模块化是指将体系的不同功能进行模块化,可以在合适的时机聚集,在受威胁时分离,防止一个部分的故障层层渗透至更大规模,还可确保系统在恰当时机能够扩展或收缩。

案例 24 全球"模块化"供应链的变局与策略

企业的多供应链布局就是功能模块化能力的代表之一。我们看到,供应链高度集中的企业确实可以获得规模效应,但也有可能会遭受因供应链小规模中断而引发的连锁反应。

全球多个产业链曾遭遇过成体系的危机。2011 年,福岛地震及其余震导致日本主要硅晶圆厂暂时关闭,由于当时全球 60% 的硅晶圆仅由两家日本公司生产,这一局部的危机最终导致全球众多主要芯片制造商的供应链中断。

将供应链进行分散是对抗这些系统风险的最有效方式。近年来,随着全球政治经济局势剧烈变化,制造成本结构的转变、先进制造

技术的改进、关税战争和保护主义的抬头都使得全球供应链发生改变，而地缘政治、技术和经济力量也开始重新定义全球化。

为了更接近终端市场，许多全球性企业已经开始向区域化制造和采购布局转型。中国的工厂更多面向体量大、增长性高的国内市场及周边国家，而在北美和欧洲的工厂则更多专注于本地市场。

中国和美国的贸易摩擦进一步加速了采购格局转变。2019年，中美两大经济体之间的贸易额下降16%。美国对中国的汽车零部件进口下降17%，对土耳其和东南亚地区的汽车零部件进口则分别增长了10%和24%。同时，美国对中国的耐用消费品进口减少了19%，开始大幅增加对日本、韩国、印度、巴西和东南亚的耐用消费品进口。三星将智能手机制造基地从中国迁至印度和越南，LG电子则将面向美国市场的冰箱制造基地迁至韩国。

新冠肺炎疫情的暴发带来了更大的生产制造变局。例如，全球领先的硅片代工商台积电表示，计划在美国亚利桑那州建设一座120亿美元的工厂，以便服务其众多的美国客户；马自达已将一些汽车零部件的制造业务从中国转移到墨西哥。

与此同时，各国政府也开始更积极地进行干预，以促进国内制造业的发展。德国经济部长彼得·阿尔特迈尔（Peter Altmaier）呼吁将药品生产本地化，而美国政府则直接向研发疫苗和生产医疗用品的企业进行投资。例如，美国宣布将投资1.38亿美元，与ApiJect Systems建立合作伙伴关系，生产数亿支廉价的预充式塑料注射器，可用于注射新冠肺炎疫苗。此外，美国联邦政府提供数十亿美元的补贴来促进国内半导体制造业发展，对此国会两党的支持率也在不断增加。印度也发起了"自力更生印度使命"（Atmanirbhar Bharat Abhiyan）运动，旨在促使印度在关键经济领域更加自给自足。由于这些地缘政治、经济和技术驱动力以及疫情等冲击，复原能力和获取关键供应和市场的议题正日益成为各国关注的重中之重。

在 2020 年上半年疫情期间，全球汽车产业遭遇的重大影响使企业对供应链体系的思考更加深入。过往数十年全球汽车产业形成了一条非常紧密的供应链体系，然而紧密在某种程度上也意味着脆弱，当它受到全球新冠肺炎疫情这样极端状况的冲击时，供应链体系几乎处于瘫痪状态。

具体来说，中国是全球重要的零部件出口国，而在疫情初期全面封城的中国湖北省则是中国第二大汽车制造基地，许多零部件在湖北生产后运往中国其他地区进行组装，最后出口到海外。但受疫情影响，这一曾经非常稳定的供应链出现了断裂。汽车供应链上的各模块紧密相连、高度依赖，因此这对全球的汽车产业产生了规模巨大的连锁反应。

而对于在主要市场建立了本土供应链的企业而言，供应链中断的风险则较小。3M 公司的制造模式强调"本地对本地"，在各个主要市场均设有关键产品的生产设施，这就相当于在全球建立起多个模块化供应链，这有助于在某个地区的供应链模块中断时也能有效服务各个市场，因此 3M 公司在危机季度的年化业绩比同业高出 30% 以上。[①]

---

① *Become an all-Weather Company,* BCG, Jul 20, 2020.

在新冠肺炎疫情期间，许多企业面临严重的断供困局，所暴露出的供应链脆弱性，受到全球的关注，这也凸显出构建供应链模块化能力的重要性。在 BCG 与各行各业生产企业的沟通交流中，受访高管一致表示，增强供应链韧性对企业的重要性正与日俱增。即便供应链模块化的改革有可能导致成本上升，他们仍坚决推行更具区域性特色的多元本地化采购与生产布局，以增强供应链的韧性。

根据全球产业链的调整和重新布局，BCG 发现，企业供应链分布演变已形成三种模式：微型战略调整模式，最低程度地调整全球化布局，以数字化赋能；价值链迁移模式，迁移生产制造中心以对抗政治不确定性风险；制造链布局区域化模式，全盘重组，将供应链迁移至离终端市场更近的区域[1]。

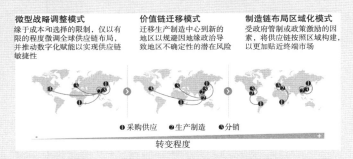

注：1. 图例显示的是一家在亚洲生产制造并在全球销售的典型案例；2. 转型的起始和速度因行业不同而有显著区别。例如，一些行业几个月可以完成转型，另一些行业则需要数年才能完成转型。

图 7.1　企业供应链分布演变的三种模式

资料来源：BCG 分析。

---

[1] *Your Supply Chain Needs a Sustainability Strategy,* BCG.

第 7 章 能力五：分散缓冲

那么企业如何判断哪种供应链分布模式最符合其自身需要？BCG 认为，需要结合行业领域、地理位置以及最适合每个组织战略目标的采购和制造网络类型的情况做出判断。企业决策将主要受两大关键因素影响："改变的动力"（如经济和政治压力）与"调整的难易程度"（如更换某些供应商的难度和搬迁到新地址的资本成本）[1]。

几个不同的案例可以为企业采取不同战略提供参考。对于一家在高度自动化的中国工厂生产低价值电机的企业来说，它可能只需做出微小的战略性调整。为增强韧性，该电机生产商可以增加后备产能并给更多地区的零部件供应商发放供货资质，同时仍将生产留在中国，以维持低成本并服务中国市场。

而对一家服装或消费电子制造企业来说，最佳方案可能是价值链迁移，将一部分产能转移到越南、印度或其他不受高关税和贸易不确定性影响的国家。但这种迁移需要与继续在中国生产带来的成本、产能和效率优势进行对比。

对于一家从亚洲向全球供货的医药企业而言，它可能需要将其制造布局区域化，以降低供应链中断风险。亚洲的产能将集中服务本区域市场，而北美和欧洲的需求也由各自当地工厂供应。

企业可以通过多种方式在价值链各维度提升韧性。例如，在采购方面，企业可以在现有全球供应商网络内重新分配采购量，从而降低地理区域过分集中的风险，并更接近终端市场。企业也

---

[1] *Designing Resilience into Global Supply Chains*, BCG.

> 可以说服供应商将部分或全部产能转移到其他地点。企业也可以在现有工厂扩大产能，并采取应急战略，提前向供应网络内的其他工厂发放资质，部署后备合约制造商，在某些生产基地遭遇干扰时迅速递补，以提升制造网络韧性。为提高交付韧性，企业可以重新优化库存，将货物存储在更靠近终端市场的地点。

从上面建立模块化供应链的种种措施可以看出，它可以极大地分散供应链风险，使企业在后备缓冲能力的基础上建立起更加具有韧性的供应链体系，以应对更大的不确定性。

除了建立模块化的供应链之外，还可以通过业务结构的分离或者独立来实现功能模块化。以业务结构的模块化可以实现功能模块化，进而提高整体系统的抗压灵活性，分散风险。尽管在联动性上有所牺牲，但高度模块化的体系防止了震动从一类业务传播到另一类业务。面对2008年全球金融危机冲击下的加拿大银行体系，可以很好地诠释模块化带来的重要成果。

> ### 案例 25　建立模块化业务体系对冲危机
> ### ——加拿大银行的危机经验
>
> 在2008年全球金融危机发生时，这场始于加拿大邻国、也是它联系最为紧密的国家美国的金融危机，毫无疑问让外界对加拿大银行体系也产生了深深的担忧。但加拿大各银行在全球经济危机期间

充分利用了业务"模块化"优势，实现了业务的稳健发展，没有发生重大危机。

首先，加拿大监管机构对风险行为的授权门槛高于美国，因而在很大程度上避免了债务抵押债券等一系列复杂金融工具带来的风险。在美国，此类金融工具的设计隐藏着极其复杂的结构，即使是经验丰富的投资者都并不容易理解，其背后还牵涉全国多家企业。这类工具的设计虽然使所牵涉的组织间有了紧密的关联度和高度的联动性，也带来了巨大的收益；但这样的结构也潜藏着极高的风险，当其背后的体系结构难以清晰可见、连接关系无法让人简单理解、某一模块的受损或者失灵时，便极为容易造成牵一发而动全身的局面，进而引发系统性风险和崩溃。

其次，由于加拿大银行的零售存款比例较高，相比其他资金来源而言，零售存款更加可靠，所以即便整个银行业务体系中的某一环节出现问题，也不会轻易导致其他环节的资金流失。

最后，加拿大银行通过限制对国外资产的投资，进一步强化了对全球性金融危机传染效应的抵抗性。正因为这种"模块化"业务模式，加拿大银行渡过了危机，没有任何一家企业需要资本重组或政府担保。

模块化的系统是由多个联系松散的组件构成。高度模块化的系统能够有效地阻止冲击从一个组件传播至其他组件，进而让整个系统更加稳健。这一原则在大自然中也有充分体现。

案例26　打造森林模块化，防范局部林火
——自然治理的妙招

森林火灾是当今世界上破坏性大、处置扑救较为困难的自然灾害之一。由于森林中易燃物密集、地形平坦等特征，山火一旦发生，往往波及受灾区域极广。但偶尔的局部森林火灾，可以减少森林内可燃物的积累，在森林内部形成可燃性较低的区域，使整个森林实现模块化，降低森林失控燃烧的可能。

首先，局部的林火在创造和维持森林韧性上，扮演着极为重要的角色。比如，通过加速对老旧树种的清理，助力森林生态系统中群落演替的速度和模式。林火还可以促进某些植物种子萌发，比如，处于休眠状态下的胡枝子种子，便需要火的高温打破休眠才能发芽生长。

而一旦这些局部火灾被人为扑灭，这种模块化属性就会逐渐消失，因为这会导致那些本应在偶发林火中烧光的灌木、丛林等得以不断生长，为下一次大火提供了更充足的"燃料"，可能摧毁整个生态体系的灾难性大火便会悄然酝酿，从而造成"野火烧不尽"的惨剧。

当然，人类可以主动打造森林的模块化，用于森林火灾的防治。比如，将森林分割成各个模块，在易燃林内建设防火林带。对于有天然分区条件的林区，针对偶尔的局部火灾在山脊向下或山谷向上处建立防火隔离带，因为这些地方通常植被较少，火势

发展较慢，在此设置防火隔离带可以有效减少风力作用，通过地形模块化为护林工作提供了天然的分隔带。

其次，模块化林木结构。为了使防火带更好地防火，在这些区域栽种不易燃的树种，使得区域内出现明显的易燃性差异，从而达成模块化的划分，以降低整体森林的燃烧性。

最后，美国、加拿大等国在林业上还广泛采用"计划烧除法"清除林内累积物。所谓计划烧除，是指在规定的区域内，烧除森林中的草丛、枯枝败叶或其他植被，通过把大火分解成人工控制下的若干小火，以低能量火取代高能量火，把火害转变为火利。

得益于模块化的设计，一旦局部火灾在森林中发生，不仅总体起火面积能够得到控制不至于影响大局，同时也为人工扑灭、解决问题赢得了宝贵的时间，尽管部分林区蒙受损失，但整个生态体系的大局平衡由此保全。

以上的供应链、加拿大银行、森林火灾，都是将系统打造成连接清晰可见的独立功能性模块，使得单个模块可以快速试错、迭代，从而使系统的部分失灵不会导致整个系统崩溃。因此，模块化可以帮助系统提供一种抗压缓冲优势。

二、财务模块化

对于企业而言，模块化能力构建的另一个重要方式是财务模块化。当高风险业务遭受重挫时，其他业务可能会受到牵连。因此，企业可以通过在财务上将高风险资产与优质业务区分开来，从而规避不确定性。如将高风险资产剥离出来，成立单独的子公司。

案例 27　独立高风险资产，以保护主营业务
——Alphabet 用模块化降低风险

2015 年 8 月 10 日，互联网巨头谷歌（Google）宣布将对企业架构进行调整，创办一家名为（Alphabet）的母公司，子公司包括 Google 和几家子公司。其创立的初衷旨在使 Google 的核心业务"更清晰、更可靠"，同时也确保其他子公司享有更大的运营自主权。

在重组完成之后，新 Google 保留了搜索引擎、YouTube、广告、Google Cloud 等运营相对稳定且资产优质的业务。它是整个 Alphabet 集团的主体，代表 Alphabet 最稳定且最核心的收入来源，据统计，Google 旗下的业务在 2019 年贡献了 Alphabet 超过 99%[①] 的营收。

另外，生物科技、光纤通信、智慧城市、无人驾驶等具有高度不确定性的新业务，单独重组成为 Calico、Google Fiber、Sidewalk Labs、Waymo 等与 Google 并列的子公司，每家公司实行独立的财务核算。这些公司虽然目前财务表现不佳，甚至可能拖累集团的营收，却被认为是驱动未来发展的重要动力。

Alphabet 子公司之间相对独立的财务模块化架构，巧妙地减

---

① *Alphabet Annual Revenue*, 2019.

弱了高风险业务在成长阶段可能给传统核心业务带来的冲击。一方面，避免了投融资过程中对于原有股权架构的过度影响。例如，Alphabet 旗下的自动驾驶公司 Waymo，作为独立公司在市场上进行融资，在没有稀释现有股东整体持有 Alphabet 股权的情况下，在 2020 年 3 月从外部投资人处筹集了 20 多亿美元资金①，从而实现了在不影响 Google 等核心业务前提之下对较高风险业务的股权融资。

另一方面，这种模块化架构也防止了高风险业务财务风险的扩散。例如，2020 年 5 月，Alphabet 智慧城市子公司 Sidewalk Labs 宣布放弃一个在加拿大多伦多已投入 5 000 万美元②的智能化城市开发项目，这给 Sidewalk Labs 的财务状况以及市场声誉带来影响，但是由于 Alphabet 内部各模块之间的独立性，负面影响并没有扩散到集团内其他公司，Alphabet 股价也并没有受到显著冲击。

数据显示，Alphabet 在 80%③的危机季度的表现优于同业。这与它财务模块化的管理方式不无关系。它将高风险资产和核心主营资产分割开来，有效规避和限制了单体高风险元素对整个系统所造成的负面影响，增强了系统整体应对风险的韧性。

对于各社会主体而言，模块化意味着权衡。它与建立后备缓冲能力一样，也可能需要付出一定的代价，防范业务冲击和享受

---

① *Become an all-Weather company*, BCG, Jul 20, 2020.
② *Sidewalk Labs Walks Away From Toronto Smart City Project*, *The Motley Fool*, May 7, 2020.
③ *Become an all-Weather company*, BCG, Jul 20, 2020.

业务互联带来的效益常常难以兼得。

在企业中，紧密的区域或业务线联系能够进一步促进信息流动、创新和敏捷，但也会导致企业整体更容易受到某个严重负面冲击的影响。

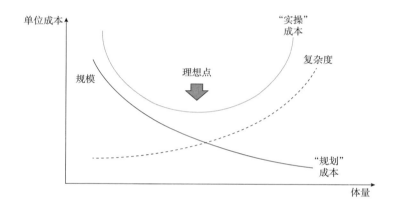

图 7.2　因系统复杂性很难估量，"实操"成本通常会被低估

资料来源：BCG Henderson。

同理，在更广泛的生态系统中，与其他利益相关方的业务整合能够大幅提升效率，但这种相互依赖的状态也会招致更多风险。考虑到规避风险带来的效益往往不易察觉且效果缓慢，而效率提升的好处却是即时直接的，因此管理者通常更青睐后者。尽管需要权衡利弊，但为追求短期收益而忽视模块化，定会导致长期风险。①

---

① *When Resilience Is More Important Than Efficiency*, BCG 亨德森智库．

第 7 章 能力五：分散缓冲

回顾本章的案例，我们从中可以看到不同的主体如何通过建立后备体系和模块化结构来缓解和抵御意外的冲击，不仅实现了抗压恢复，而且能够化危为机，建立起自己的竞争优势。

通过对分散缓冲能力的阐述，我们认为建设社会/政府韧性、城市韧性、企业/组织韧性在分散缓冲方面应该做到：

（1）社会/政府韧性

第一，完善公共服务配套与公共资源的后备体系。在社会民生、经济、医疗领域搭建后备体系，筹备后备计划。在硬件上，进行战时物资储备，规划后备设施。例如，为了应对传染病危机，将多用途"战时"隔离设施纳入城市规划应急相关内容，制定酒店、体育馆等可被征用的民用设施清单用于特殊时期安置，隔离大量人群。在软件上，规划机动的多功能响应工作组，战时可供灵活、弹性调配。

第二，注重识别高风险单元，进行隔离处置。例如，应对传染病危机时，着重加强对医护人员、免疫力低下群体、高流动性人员等特殊群体的隔离和防护，避免引发大规模的社区感染。而在应对防范自然灾害以及自然环境治理时，将大范围地域划分为分散、独立的不同模块，进行物理隔离，防范大型危机对整片区域造成重创。

（2）城市韧性

构建城市危机应对的后备体系，缓冲外来冲击的影响。除搭建和储备城市所需的应急庇护场所和设施外，在紧急状态下，能够根据所需及时进行备用体系和物资的组建和调用。如在抗击传染病时搭建方舱医院，将安全的学校、医院、空置出租房、酒店、旅馆房间等转换成临时的危机庇护场所。同时，做好物资应急备用准备，规划布局包括粮食、水、能源在内的应急物资保障供网络体系，确保紧急状态下的紧急物资储备充足等。

（3）企业／组织韧性

第一，从功能和财务两个维度建立企业的备用体系和缓冲能力，降低意外冲击的影响。一方面，建立功能缓冲，将企业核心功能要素如库存、产能、关键部件和部门熟练技工等进行备份。梳理出人才、供应链等各个环节可能存在的风险因素，尽可能提前降低风险，同时制定完善可行的替代方案，一旦出现问题可迅速切换到备份体系，使其冲击最小化。

另一方面，建立财务缓冲，保有充沛的现金流动性以及低负债率。当察觉危机的苗头时，优先保有现金；在适当时机，主动出击，趁势低价收购物超所值的资产。

第二，从功能性和财务性两个维度以清晰、可理解的方式连接不同的业务模块，防止企业的系统性崩溃。将企业组织划分为不同的功能模块，避免单一的、不可替代的连接，使其可以随时替换补位。从财务性模块来说，将组织中的财务风险进行模块化区隔，建造模块间的防火墙，使风险被控制在某一模块而不快速蔓延至整个系统。

尤其对企业而言，要构建模块化的供应链，分区域、组织进行独立布局，增加供应链端全流程的透明度和可控性，加强销售与运营能力，并与客户以及供应商进行更紧密地联动，以优化供应链规划，加强供应链应对局部冲击的韧性。

第 8 章
能力六：多元包容

当危机逐渐结束，社会体系开始复苏，人们发现危机产生的影响超越了短期的限制，开始向长期延伸，原有社会体系中既定的运转模式和常规形态也被永恒地逆转。在这种颠覆性的变化后，我们需要加速思考、不断尝试，通过创新来应对变化。由此，我们便进入了变化创新阶段。

在变化创新阶段需要的能力是多元包容能力。多元包容能力指引我们为变化和创新构建基础、培育土壤，对无限可能保持开放，为长期复苏与繁荣做足准备。

尽管保持充分的开放，但多元包容能力并不是毫无章法。在多元包容能力下，多样化的人才、多元化的观点、差异化的客户和受众都是受欢迎的。多元包容能力首先需要基础的框架与共识，保障创新处在正轨。在此基础之上，通过提供充分灵活的空间实现创新，建立互相信任的环境，将决策权下放到一线，充分赋能前线创新。由此，社会和企业才能打造健康、良性的多样化，为不断推陈出新、占据优势地位打下基础。具体而言：

第一，塑造多元化的组织，包容异见的文化。打造多元化背景的团队，鼓励思维的碰撞与交流，提升组织整体的学习创新能力。

第二，制定统一目标，提供最简框架。制定组织共享的共性原则与统一方向，作为行动要旨与纲领，保障个体与分部的创新处于正轨。同时，不对个体与分部的创新设置过于约束细节，鼓励个体充分创新。

第三，将决策权下放到一线。打造彼此信任的团队氛围、互相包容的文化环境，以充分的灵活性与包容性激发个体的能动性，鼓励多元观点的表达。

第一节 塑造多元化组织，打造包容性文化

对社会、政府和企业而言，多元化同样是增强机体韧性的一个重要途径。纵观全球企业，多元化突出的企业在经营效益或创新的表现上往往更胜一筹：BCG 对全球 1 700 多家企业的调研显示[1]，至少有 3 位以上女性领导者的世界 500 强企业相比其他企业其净资产收益率高出一半（53%）；拥有超过平均水平的多元化领导团队的企业比其他企业的创新举措多出 19%；女性领导者占据 30% 的企业的净利润率比其他企业高出 6%。

研究发现，多元化企业往往可以提出非同寻常的解决方案，催生更多的创意，因此更有可能推出成功的产品和服务，赢得更亮眼的长期发展。

---

[1] 制胜下一个十年：企业多样性势在必行，BCG 亨德森智库。

第 8 章 能力六：多元包容

图 8.1 多元化突出的企业在经营效益与创新上的表现

资料来源：彼得森国际经济研究所，BCG 分析。

而与多元化相对地，单一性有时会让企业错失良机。例如，著名的拍立得品牌宝丽来（Polaroid）未能把握住数码相机的机遇，原因之一就是其高管的背景过于一致，从而限制了对新商机的想象空间。[1] 尽管一些员工对数码相机的未来做出了设想，但由于宝丽来高管的背景均与化学相关，所以数码相机的提议未能被领导层采纳。

在建设高韧性社会的过程中，多元化应当被鼓励。在各种多元化中，认知多元化对驱动创新至关重要。相比强调在性别、年龄、种族、地域等方面的差异的人口多样性（Demographic Diversity），认知多元化（Cognitive Diversity）则是指在思考问题、解决问题的方式和维度上有着极大的差异。这两者也存在一定的共通，打造一支在年龄、性别等人口多元化上有充分差异性的团队，有助于培养认知多元化。

---

[1] *Competing on Imagination*, BCG 亨德森智库.

高韧性社会

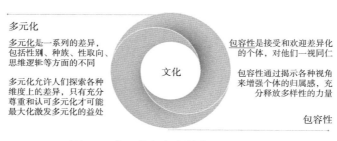

图 8.2　多元化与包容性共创组织价值

资料来源：BCG 分析。

认知多元化相比普通的多元化更要求一个彼此平等、互相尊重的环境，从而能够容纳多元化观点的存在。[①]因此，要打造多元化离不开包容性，多元化与包容性相辅相成，共同为企业、社会等系统创造价值。

第二节　鼓励有限框架内的无限自由

有什么比艺术更需要无穷的变化与创造力？在人类已有的诸多创新中，我们都可以看到艺术创新的原理：天马行空的想象力，玩兴与趣味，对情绪与环境的超强感知与多元化认知的能力，对未知领域的好奇心与探索，甚至对不同寻常、反事实事物的痴迷。[②]

爵士乐可谓是拒绝循规蹈矩，将创新精神彰显无遗的音乐形式。不了解爵士乐的人常有误解：爵士乐没有指挥、乐谱简约，

---

① *Competing on Imagination*, BCG 亨德森智库.
② *Competing on Imagination*, BCG 亨德森智库.

因此杂乱无章、缺乏结构、肆意即兴。事实并非如此。爵士乐相较于古典乐最明显的特质之一却是在于其创作的去中心化，然而简明的框架却为乐团的创作指引了方向。

在爵士乐演奏中，爵士乐手以简约但充足的乐谱做指引，以此构成创新自治的最简框架，实现"有限框架内的无限自由"。如此自由的框架打造了"人人可为、人人愿为"的创新土壤，萨克斯风、小号、钢琴、爵士鼓、吉他、贝斯等不同音色、音域、音长的乐器可以最大限度地发挥创造力，形成百家争鸣的合奏。

例如，在录制《泛蓝调调》(*Kind of Blue*) 专辑时，迈尔士·戴维斯（Miles Davis）和比尔·埃文斯（Bill Evans）并没有详细谱写旋律，只是告诉乐队成员用五种不同的音阶演奏。所有乐手都不知道具体的曲谱，更谈不上提前排练，就带着这种无限的自由进了录音棚。《那又如何》(*So What*)、《皆为布鲁斯》(*All Blues*) 等四首曲目都是一气呵成，一次便录制完成。虽无指挥，但领队的"定调"确保大框架犹在，即使自治，团队也对行动的基本方向确认无误。

或许很难料到，这种看似不规则的"乱象"背后其实是一致的、极简的指引，而这种激励多元化的模式在诸多政府治理中也有所运用。

> **案例 28　新冠肺炎疫情下中国政府制定统一框架，地方政府因地制宜、灵活调整 —— 多元化政策助力抗疫**
>
> 2020 年在抗击新冠肺炎疫情过程中，中国政府对交通运输、

雇员健康保护、办公场所保护、复工管理与应急响应等五大方面均提出了一致的管理原则，而地方政府在此基础上则有一定的灵活调整空间。

北京作为首都，需要特别保障首都关键功能的正常有序运行，对于传染病防控的响应机制标准最严，也维持最久。北京是最早一批启动公共卫生一级响应机制的城市之一，也是最晚下调响应机制的城市之一，仅次于湖北省。

浙江作为产业大省，积极推动跨省复工，是最早一批开始跨省复工的地区之一。浙江与云南、贵州、安徽等 11 个劳务输出省份就加强劳务协作进行了密切的沟通对接，对员工返岗开设点对点交通并提供财政补助，开行全国首趟免费复工专列等。3 月 1 日，浙江省的企业复工率①达到 99.7%，位列全国第二。

海南作为旅游大省，是旅游目的地中首先取消口罩佩戴要求的省份，2020 年 3 月底 4 月初，海南省三亚市率先带头，取消了公共场所强制佩戴口罩的要求。除了取消口罩要求之外，海南还全面恢复开放图书馆、博物馆、体育馆等公共文化场所，以及各类景区景点、旅游度假区和公园绿地。这些措施使海南的旅游业迅速恢复。

通过设计统一框架来提供灵活性、鼓励多样性的举措，在充分竞争的商业环境中更能被体现得淋漓尽致。

---

① 规模以上工业企业复工率。

案例 29 "Context, Not Control",热忱激发员工自驱
—— 巨型"初创"字节跳动

虽然字节跳动如今已成长为员工数量达到 10 万人的大型企业,但它始终保持着如初创企业般的运行方式,充分激发员工创新。这得益于字节跳动充分流动、扁平的组织结构,团队之间没有明确的界线与管控。而这背后的力量实际基于两大根基——信任的文化与开放的组织边界。

根基 1:信任的文化

字节跳动推崇去除等级制度与繁文缛节,"我们相信字节跳动的每一位人才都能够做出正确的决定,也鼓励他们多提出想法,因此我们致力于在日常工作中避免官僚主义"。对所有员工一视同仁,资深员工也坐在开放区域,使用与普通员工一样的个人电脑。此外,字节跳动不会披露员工的职位等级,以减少日常沟通中依赖权威的情形,鼓励大家充分表达己见、承担责任。

字节跳动的一个原则是"Context,Not Control"(情景,而非控制),习自奈飞(Netflix)"Context,Not Control"鼓励员工之间主动分享项目的背景信息、解释目标动作的背后缘由,弱化管控,使员工从"执行"转向"自驱"。

字节跳动还将对企业文化的认同感加入了人才评估流程。除了绩效,价值观与团队贡献也是考核内容的组成部分,保障基于信任的企业文化根植每一名员工心中。

根基 2：开放的组织边界

在组织架构上，字节跳动提倡扁平化管理。通过全方位对齐的 OKR（Objective Key Results），字节跳动将扁平的组织、全员协同的网络做到了极致。①

在字节跳动，CEO 的 OKR 通常由高管共同讨论得出，管理层应对企业及各部门战略重点充分交换意见，保证"上下左右"充分对齐、行动一致。高层确立并公布 OKR 后便启动长达两周的全员自主对齐：从 N-1 到员工，所有层级均同时自主制定双月 OKR；员工通过一对一形式与团队领导沟通，确定个人 OKR 并在线提交；为了保证"上下左右"对齐，字节跳动建议所有员工的 OKR 公开分享。由此，OKR 的全方位对齐使 5 万人网络中的每个节点互相适应，形成自发的战略合力。

由于组织边界十分开放，字节跳动也存在不少未明确界定的"灰色地带"，而字节跳动将其视为协作创新的训练场。字节跳动鼓励大范围的头脑风暴沟通与自发组织的虚拟团队，期望"灰色地带"能够促使员工们从日常惯例中跳脱出来，对新机遇有所关注，敢于尝新。

字节跳动鼓励自驱与创新、鼓励团队多样化的实践，为企业发展注入旺盛的活力，反过来推动业务的快速发展，这也使得字

---

① OKR 是指目标（Objective）和关键结果（Key Results），旨在引导企业员工共同思考两个关键问题——"我们（近期）想做什么？"和"我们如何知道自己是否达到了目标的要求？"

> 节跳动赢得了资本市场的认可。截至2020年底字节跳动估值约1 400亿美元,已成为全球第一大独角兽。

从上述案例来看,多元包容能力在创新以及高韧性社会的建设中扮演着不可或缺的角色,它不但为社会公众、市场消费者带来无穷无尽的可能性与惊喜,也是政府高效解决问题、企业收获利润与增长的利器。

通过对多元包容能力的阐述,我们认为建设社会/政府韧性、城市韧性、企业/组织韧性、个人韧性在多元包容方面应该做到:

(1)社会/政府韧性

第一,加强与多个行业、地区的交流,鼓励多行业/专业背景的人才进入治理系统。鼓励常态化开展涉及各行业领域、各项专题的公私对话论坛,倾听多元化的观点与解决方案,思考不同角度的解决方案,为政府进行危机应对、恢复和创新提供启发和借鉴。

第二,由中央政府制定方针,允许各地方政府充分发挥能动性。在危机应对与常态治理涉及的多个范畴,由中央政府设立统一的指导方针和纲领,但允许各地方政府根据地方民情、资源禀赋等个性化情况进行灵活的适应性调整,以使政策效率最大化。

(2)城市韧性

第一,提高城市产业多元化。建立并优化城市产业结构,避免城市经济对于单一部门以及个别企业的依赖。可构建多层级的产业结构,多元化的产业结构使城市在面临经济危机、支柱产业衰落等外部冲击时也能平稳过渡,促进经济长期可持续发展。

第二,保护城市生态多元化。规划、设计和实施城市绿色基础设施网络,恢复、建造濒危和受威胁物种栖息地,改善城市公共和私人土地上的生物多样性条件,支持生物多样性。

第三,城市治理鼓励多元化参与。以成立理事会、举办行业论坛、公开征集意见等形式鼓励多元背景的公众参与,就城市空间、产业发展、环境治理等话题共商共治,促进城市包容性发展。

(3) 企业/组织韧性

第一,打造具有多元化背景的团队。从性别、宗教、地域、教育背景等维度,在团队中融入不同背景的成员,鼓励不同思维和角度的碰撞与交流,丰富企业整体的学习创新能力。

第二,明确企业的目标和原则,制定简单的框架。统一企业的战略目标,为每一名员工提供行动的要旨与纲领,但避免僵硬的规矩和官僚主义,不对个体与内部组织设置过多的细节约束,鼓励灵活的发挥与实施。

第三,充分授权赋能一线团队,建设包容文化。下放决策权,鼓励员工自主性,营造信任的团队氛围、互相包容的文化环境,以充分的灵活性与包容性激发个体的能动性,鼓励多元观点的表达。

（4）个人韧性

能够吸纳来自各方的多元化观点，保持开放与透明。虽然传统的领导力模式可能强调一致性，但高韧性的个体能够听到"不同的声音"，他们接纳也欢迎多元化的观点，保持开放、可沟通的态度，提高在复杂的环境中观察不同模式的能力，从而能在多元化乃至冲突的观点中形成全面、综合的判断。

第 9 章
能力七：融合创新

随着社会进入危机后的变化创新阶段，建成多元包容基础后的下一步便是加速思考，打破旧的范式，通过融合新兴元素、模式与技术来加速创新，才可能应对层出不穷的新需求。融合创新是加速变化创新阶段演进的必备能力，有助于更迅速以及更大程度的复苏。

融合创新能力首先要求我们跳出思维定式，转换视角，敢于推翻现有的观点，探索差异化的路径，并将这些新颖的观点付诸实践；其次是积极尝试运用新技术、新模式来响应需求、解决问题；最后是做好变革管理，通过调整组织、流程、方法，与新技术、新模式相适应，全面迎接新阶段：

表现在具体的行动方案上，我们可以采取以下三项。

第一，多问"如果"与"为何不"。主动跳出思维定式，刻意打破旧习，探索差异化路径，并将新的想法付诸实践，将定期演进与变革的实践固化为惯例，避免故步自封。

第二，积极探索新技术、新模式。积极应用创新的技术与模式，加速试验和自主学习的循环，提升决策、运营、管理效率，快速反应新需求，解决新问题。

第三，打破传统组织边界，大胆推动流程变革。着手调整或重建工作方式、流程以及组织模式，从而与新技术、新模式相适应。

第一节 多问"如果"与"为何不"

在人们对于企业家的谈论中，埃隆·马斯克、乔布斯等总是会受到更多的称赞。当然，他们实现了出色的工作业绩，但仅仅如此吗？当然不是。

埃隆·马斯克、乔布斯备受追捧的重要原因之一，在于他们都是行业颠覆性的创新者。

在马斯克的太空探索技术公司（SpaceX）之前，没有人想到一个创业公司可以与军工巨头洛克希德·马丁、波音等公司争夺美国国家航空航天局（NASA）的太空订单，也没有人想到火箭竟然可以回收利用，同样没有人想到将会有成百上千乃至上万颗卫星被发射到太空组网，满足人们日常的网络需求。

而乔布斯最值得称道之处在于，总是可以推出用户意想不到的产品。他像亨利·福特一样，没有为用户提供"一匹更快的马"，而是给了他们一辆从来没有见过的"汽车"。在乔布斯的带领下，苹果公司颠覆了整个手机行业。

由此可见，这些企业家之所以被称赞，重要的是他们一直在不断跳出世人的思维定式，也在不断跳出自己的思维定式。然而这并不简单，因为许多成功的创新都始于不同寻常的观点，而许多没能成功的创新也正是败在观念的转变过于困难。

第9章 能力七：融合创新

案例30 "如果……会怎么样？"与"为什么不呢？"
—— 零售银行创新成功与坦克战创新失败 ①

20世纪初，美林证券②联合创始人查尔斯·美林（Charles Merrill）的大胆疑问改变了整个银行业。在超市的工作经验使美林萌生了一系列大胆、不合常规的"如果"问题——"如果银行像超市一样，可以提供一系列价格透明的产品会怎么样""如果这些产品可以让普通中产阶级都能使用会怎么样"。

在这些疑问产生之前，金融产品往往以封闭的形式在小范围的人群内流动，倾向服务于能产生丰厚佣金的富人和大单③，而对数量众多却财力薄弱的普通中产阶级并不上心。美林却认为，"我们（美林证券）必须带领金融行业'从华尔街走向主街'，而且我们必须使用连锁店的高效、大众化的销售方式来做到这一点"，这在当时几乎是无法想象的。

正是这种石破天惊的大胆构思，打造了普惠的证券经纪和创新的"金融超市"，成为划分华尔街两个时代的分界线。

但也有许多组织因传统思维模式根深蒂固，而导致与创新擦肩而过。在第二次世界大战爆发前，英国军官富勒（J. F. C. Fuller）

---

① *Competing on Imagination*, BCG 亨德森智库.
② 现已合并为美银美林。
③ *Charles Merrill and the Democratization of Stock Ownership, Forbes Greatest Business Stories of All Time.*

在1932年出版的《装甲战》一书中就引入"坦克战"的概念，并进行了深入的设想，但由于大家都习惯骑兵作战，他的提议因不符合主流观点而未被采纳。但第二次世界大战的进程很快就证明了富勒理论的正确性，坦克在第二次世界大战中发挥了举足轻重的作用，英国的坦克却并未成为真正的主角。

如果英国军队当时以"为什么不呢？"的开放态度接受这一提议，并予以尝试，富勒的想法如今便不会被称为"军事史上最著名的未被采纳的计划"。[①]

当然，从美林先生的大胆设想到零售金融的落地，中间还经历了一系列的研究探索，以及与投资者、雇员、顾客的沟通。但只有迈出敢于打破思维定式、提出质疑的第一步，才能使颠覆性想法引出的一系列实际行动，真正打破固有范式，并将创新付诸实践。

案例31 顺应时势，不走寻常路 —— 特斯拉的诞生与创新[②]

2003年，特斯拉在美国加利福尼亚州成立。当时，拥有一辆电动车大多情况下是为了显示自己环保主义者的身份，或者说是

[①] *Why Big Companies Squander Good Ideas*, Financial Times.
[②] Tesla's Innovations Are Transforming The Auto Industry（特斯拉的创新正在颠覆汽车业），Forbes; How Tesla defined a new era for the global auto industry（特斯拉如何定义全球汽车产业新纪元），路透社.

第9章 能力七：融合创新

富裕家庭一个可有可无的替代品。那时，丰田汽车公司普锐斯新能源汽车正在发售，统计显示购买者年均收入在 20 万美元以上。众多车企口头上表示将会投入资金研发电动汽车，但大多只是空头支票。没有人相信电动汽车的时代会迅速到来，在当时，低效的电池让它看起来更像是一个笨重的电动玩具。

传统汽车公司还在维持着富足、稳定的既有形态。技术上，他们将内燃机作为主要动力；产品形态上，追求高端和美观；业务模式上，汽车厂商通过经销商向终端消费者进行销售。这种模式在当时看来还会在未来的几十年持续稳定地运转下去。

人们也不是不想改变，但是经过测算，想要颠覆内燃机为动力的汽车行业代价是极其巨大的。一方面，对上游的汽车供应链产业和各大汽车主机厂商来说，这意味着动力装置技术的革新，以及所带来的一系列供应链商的颠覆性变化。另一方面，对下游汽车经销商的利益也会产生严重的影响。传统大型车企的经销商约有 43% 的利润来自零件和服务，而其中大约一半的维修费用与内燃机相关，推广非燃油车型会触及他们的利益。

马斯克和特斯拉的到来彻底改变了这一切。特斯拉在技术手段、业务模式和产品形态上都进行了重大突破。

在技术手段上，特斯拉采用了完全的纯电动动力，并且采用 18650 三元锂电池，它所采用的技术路线日后均成为行业主流。特斯拉研发的纯电动汽车不仅降低了对不可再生能源的依赖，而且具有车身牢固、重心低等特性，给予消费者优质的乘车体验。在产品形态上，特斯拉在保证车辆美观的基础上更侧重科技感和智能化体验，很好地迎合了年轻人对数字化和智能化的需求。特斯拉还为消费者提供了定制化设计产品的选项，充分满足了"千禧一代"对个性、特立独行的追求。

而在持续了几十年的汽车销售模式上，特斯拉进行了颠覆式创新，表现在直营、线上线下结合、客户定制等诸多方面。特斯拉开创的直营模式完全脱离了经销商，与消费者直接对话，对话内容并非传统经销商开门见山的销售话术，而更侧重于消费者教育——介绍电动汽车技术、特斯拉的品牌故事等。特斯拉战略性地在高客流量地区选址，通过"电商＋实体体验中心"模式满足消费者线下产品体验和线上自主购买的双重需求，交互性极高。特斯拉统一全渠道销售价格并保持价格透明，让客户享受充分对称的信息，也维持了自身的高销售利润（特斯拉的销售利润高达传统经销商的5倍）。特斯拉的销售以"订单"形式为主，而不是传统的"即买即用"，一方面与定制化产品设计相协调，另一方面也无须手持库存，减轻了库存压力。

在新型业务模式下，特斯拉将客户关系牢牢把握在自己手中，全面覆盖从品牌认知到购买再到售后充电、维修的全流程。这场颠覆式创新为社会提出了环保解决方案，切实提升了消费者福利，也树立了特斯拉的品牌形象。

但特斯拉并没有就此止步，仍在自动驾驶、动力电池等领域不断进行研发，始终保持推陈出新的状态，并向全球复制和推广其成功经验。

2020年，特斯拉已经表现出不可阻挡的态势，超越传统车企

> 成为全球第一大市值汽车公司。2020年底，特斯拉的市值已经超过包括大众、丰田、日产、现代、通用汽车、福特汽车、菲亚特克莱斯勒以及标致等9大汽车制造商的市值之和①。

从美林先生大胆地将超市零售概念引入金融，到马斯克带领特斯拉对传统汽车行业的颠覆式创新，我们看到真正的创新在于"打破"，通过转换视角、打破旧习，重塑新的思考范式与应对策略。社会、政府和企业方有能力面对未来全新的挑战，使社会、政府和企业变得更具有韧性。

而这种伴随着"打破"的创新，并非为了打破而打破，它往往建立在新技术、新模式等基础元素之上。当新技术元素发生变化，意味着将会产生更多的可能性，例如，智能手机与物联网技术的成熟，共享单车的出现，AI技术的成熟使机器可以取代大量重复劳动力。开拓社会更多的可能，结合新技术的创新会使韧性的建设如虎添翼。

第二节　积极探索新技术、新模式

如果梳理当今世界唯一的超级大国美国的发展史可以看到，支撑起美国强大国力的正是对于新技术源源不断的采用和创新。

---

① Tesla's market cap tops the 9 largest automakers combined（特斯拉市值超过九大汽车制造商之和），CNBC.

尤其是近 100 年，特别是第二次工业革命以来，美国引领了绝大多数颠覆性的技术创新，如电力、计算机、互联网、卫星、航天飞机、人工智能、移动通信、云计算等。

对于更加微观的企业而言，每一次新技术的诞生都带来了或大或小的变革，有的企业在技术的转化中被时代无情抛弃，有的企业则一直站在技术浪潮的最前沿，得以基业长青。

案例 32　玩具材料的颠覆式创新
—— 乐高大胆应用新材料，打造玩乐新世界

乐高品牌的创始人克里斯第森（Ole Kirk Christiansen）最初是一名制作木梯、熨衣板等建筑和居家产品的木匠，直到 20 世纪 30 年代的经济大萧条时期，因为人们纷纷停止建造新屋，才促使他转行尝试生产木制玩具。

20 世纪 30 年代的玩具市场是木制玩具主导的市场，消费者对塑料玩具的认可度很低。克里斯第森受到英国玩具制造商布拉里·费舍尔·佩奇（Hilary Fisher Page）的启发，初次开始考虑塑料玩具。

第二次世界大战之后，塑料制品变得更为常见，但在玩具领域依然鲜有涉足。结合此前对英国塑料玩具的听闻，再考虑到塑料的一次成型技术可能带来的成本优势，克里斯第森引入了全丹麦第一台塑料注射成型机。这种机器的价格相当于企业上一年利润的 12 倍多，这对克里斯第森这个一辈子都在和木头打交道的农

村木匠来说，着实是一个相当大的进步。

在接下来的十年里，克里斯第森都在琢磨一个大胆的想法：如何创造出乐高积木。他先是买下了 Page 的"连锁建筑立方体"技术，后在其基础上不断试验，最终于 1958 年研究出凸起管（stud-and-tube）技术。这些产品演变为如今风靡全球的"互锁式"乐高积木。随后乐高公司就开始全力推广乐高拼接玩具积木体系。① 也正是从那时开始，真正的乐高颗粒诞生，由此带动公司进入高速成长期。

在乐高的案例中，我们看到推动改变的不仅是克里斯第森的大胆想法，更是对新技术的不懈尝试和应用，才使得全新的玩乐体系成为可能。而在危机时，新技术则给了整个社会应对不确定性更多的选择方式，这从根本上不断改变着对危机的应对策略和解决方案，也在以更快的速度颠覆着人们的生活方式。从中国 2020 年抗击新冠肺炎疫情对新技术的应用中，就明显可以感受到这些变化。

不少人将 2020 年的新冠肺炎疫情与 2003 年中国发生的 SARS 疫情进行对比，得出最大的不同就是新技术、新模式为疫情的应对做出了极大的贡献。

从 2020 年 1 月底到 2 月底，中国各地实行了严格的社会隔离措施，大多数商业和娱乐场所暂停营业，社区封闭，人们尽可能选择居家隔离。

当完全隔离在家中无法外出购物就餐时，人们通过网络平台

---

① *We Need Imagination Now More Than Ever*, BCG 亨德森智库.

以及众多团购社群实现了在家中就能购物点外卖的愿望；当社会流动逐渐放开时，数字化信息服务工具兼顾了出行便利与病毒追踪。

在先进的基因技术支持下，中国科学家用几天时间就分离出了新型冠状病毒全基因组序列并向全世界共享，对病毒和疫苗研究起到了非常重要的作用，而2003年SARS的全基因组序列的分离耗时近两个月。中国公司结合人工智能技术，使AI可以协助医生快速读取病人肺部影像学报告，加快了新冠肺炎的临床诊断，还有更多的生物、科技公司等从智能语音、机器人、5G、AR/VR等方面为抗击新冠肺炎疫情做出了贡献。这些变化表明，人类文明、科学技术的发展不断为社会引入许多全新的手段与思维方式。以其中的数字化技术为例，它正在以越来越快的速度全面颠覆商业世界与人类生活。我们发现，每一次数字产品触达全球1亿用户的速度在显著提升，19世纪电话用了75年触达1亿人，1990年互联网用了7年，而2016年推出的（Instagram Stories）[1]只用了两个月便实现了这一目标。

而这意味着留给企业的决策和追赶的时间越来越少，相较以往的"不进则退"，如今比竞争对手进步速度慢也是不被接受的。企业必须借助AI、数据平台和决策系统等数字化技术形成自主学习的循环，加速自身学习能力，扩大推广规模，增强市场响应能力。积极吸收新元素的企业与社会才能把握住机遇，始终站在"创新"的前沿。

---

[1] 一款社交应用软件。

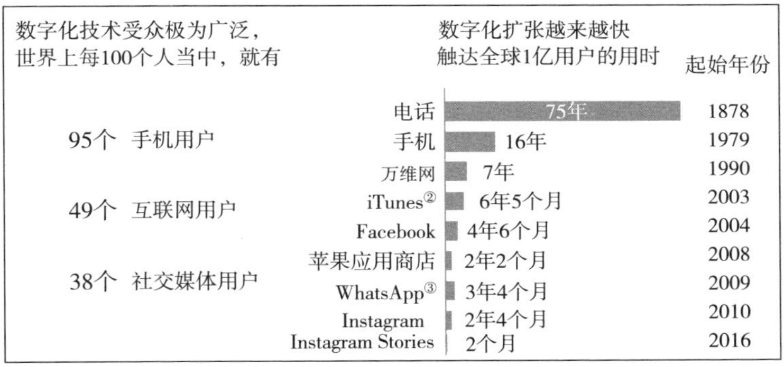

第9章 能力七：融合创新

数字化技术受众极为广泛，世界上每100个人当中，就有	数字化扩张越来越快 触达全球1亿用户的用时	起始年份
	电话　　75年	1878
95个　手机用户	手机　　16年	1979
	万维网　7年	1990
49个　互联网用户	iTunes[②]　6年5个月	2003
	Facebook　4年6个月	2004
	苹果应用商店　2年2个月	2008
38个　社交媒体用户	WhatsApp[③]　3年4个月	2009
	Instagram　2年4个月	2010
	Instagram Stories　2个月	2016

注：Facebook（脸书）按月活统计，苹果应用商店按账户数统计，WhatsApp按月活统计，Instagram按月活统计，Instagram Stories按日活统计。

图9.1　数字化呈指数级增长速度

资料来源：eMarketer，ITU，Statista，BCG分析。

案例33　建立自主学习系统，危机下快速反应市场 ——百度应用AI技术抗疫

2020年新冠肺炎疫情催生的迫切需求，促使中国许多数字化生态系统加快了将仍在实验中的技术提前部署，迅速扩大其规模。例如百度在抗疫期间发布的多项新兴技术。

百度已与新型冠状病毒诊断工具的开发商分享了其深度学习平台"飞桨"等工具。通过定制化"飞桨"，总部位于北京的肿瘤

---

① 一款社交应用软件。
② 一款社交应用软件。

数据平台和医疗数据分析公司连心医疗，得以开发出一个人工智能驱动的开源模型，用于分析CT图像，在不到一分钟的时间内识别疾病。

百度还将线性折叠算法（LinearFold Algorithm）提供给连心医疗等多家公司的科学和医疗团队。该算法于2019年与美国俄勒冈州立大学和罗彻斯特大学合作发布，用于分析二级RNA结构，帮助人们更深入了解病毒如何跨物种传播。

除此之外，百度还部署了一套人工智能驱动的无接触红外传感器系统，可以同时监测多个个体的体温，并快速检测到发热者。该系统在北京投入使用，每分钟可监测最多200人的体温且无须阻断客流。①

百度这一系列产品和技术在行业内实现了领先或紧紧跟随。凭借更快的学习迭代速度，企业可以最大化技术的价值，在后危机时代保持领先。

第三节 打破组织边界，推动变革

一个现象愈加得到人们的关注或企业对某项技术的引入，可能只会改变某一项或者某几项业务。但随着数字化转型浪潮的逼近，人们发现在企业或业务引入数字化后，将会带来一系列的连锁反应。

---

① 抗击新冠，中国数字化生态系统当记一功，BCG。

这意味着，新技术的引入如今往往同时也需要相应地调整甚至重建环境，包括工作方式、组织模式等，从而与新技术、新模式相适应。

案例34　全面变革，接轨数字化新时代
——某国际车企数字化转型[①]

在传统的汽车行业，数字化创造了大量新的机遇，更快的内部运营周期、工业4.0、数字化销售、精准营销都成为可能。在这一数字化浪潮之下，许多非数字化的传统企业也开始尝试数字化转型，某国际车企便是其中之一。

2015年，有着百年历史的某车企决心开始全面数字化转型。尽管"创新"自该车企诞生第一天起便被牢牢印刻在其基因之中，这并不意味着创新是一件易事。

该车企的数字化转型从大规模的变革沟通开始，将数字化转型的愿景准确一致地传达给企业上下所有员工对于达成共识至关重要。此外，明确项目所识别的数字化机会点以及量化的效果也有助于全企业13万员工更自发地投入这场变革。

彼时，BCG为该车企所有高层领导举办了一场研讨会，重点沟通了当下汽车行业的数字化趋势、数字化的愿景与目标以及数

---

① *Renault Rewires Itself for the Digital Era*, BCG.

字化对供应链、制造、工程设计等关键业务单元带来的潜在收益。

三方面的举措标志着该车企正式实施数字化转型：搭建数字化平台。采取敏捷工作方式以及招募新的数字化人才。

数字化平台致力于将该车企散落在 2 000 多个应用平台上的数据整合，并围绕这些数字资产产出数据分析的价值。其中，BCG 在某个国家开展了数据分析试点，以帮助提升该国的后市场零配件销售。这一试点带来了 25% 的销售提升，比该车企过往的类似举措提升都多。

数字化的运作方式要求与之匹配的新的工作方式——敏捷项目管理。考虑到这对于大量员工来说都是全新的概念，该车企引入了敏捷教练（agile coach）为员工开展培训，展示究竟什么是敏捷工作方式。同时，该车企员工遍布全球、频繁出差，为此该车企升级了实时信息共享的协同办公工具，帮助员工更高效地转向数字化的工作方式。

此外，在现有的 IT 基础上，该车企持续招募新的数字化人才。它打造了一个 300 人的数字化中心，致力于提供数字化转型所需的技能、方法论以及工作环境。

这一数字化中心脱胎于 BCG 的建设—经营—转让模式（Build-Operate-Transfer model）。在建设阶段，BCG 帮助设计并建造了这一数字化中心，数字化中心定位为内部的服务中心，帮助业务单元协调和交付数字化举措；在经营阶段，BCG 帮助数字化中心进行员工招募与安置，并支持业务采取最适宜的治理方式实现最大化项目价值；在转让阶段，BCG 将数字化中心的运营交付给该车企，

> 并确立了五大主要数字化目标。
>
> 全方位的数字化转型不但将帮助该车企实现预计达上亿欧元的成本节降,还为该车企进军自动驾驶、网联汽车等领域扫清了路障①。

借助乐高对玩具材料的创新、百度 AI 技术的加速推出以及某国际车企涉及数字化转型,我们可以看到借力科技的融合创新正成为企业的必要课题。

通过对融合创新能力的阐述,我们认为建设社会/政府韧性、城市韧性、企业/组织韧性、个人韧性在融合创新方面需要做到:

(1)社会/政府韧性

设立创新单元,积极探索新技术、新模式。政府可以建立创新加速组织②(Functional Accelerators),将数字化服务、人工智能研究等创新与变革固定为常规动作。这可以促进政府治理机制、治理手段等变革,同时设立全新的与新模式相适应的流程与工作方式。例如,阿联酋在国家层面设立了人工智能局(Ministry of Artificial Intelligence),致力于研究政府内外部的人工智能应用;英国成立了政府数字化服务单元(Government Digital Services Unit)提升其数字化能力。

---

① *A World-Class Tech Function Is Digital, Simple, and Resilient*, BCG.
② *Governments Can Navigate Uncertainty to Emerge Stronger*, BCG.

（2）城市韧性

第一，打造产业创新孵化平台，把握城市产业升级机遇，提高城市整体创新力。打造产业创新孵化平台与良好的营商环境，为创新企业注册、专利申请提供便利，为创新提供生长的土壤。根据城市的区位禀赋与产业特点，把握产业升级机遇，关注新技术主题，如智能物联技术、生物技术、新材料技术及生态能源技术，驱动下一代未来产业发展。

第二，建设智慧互联的数字化城市生态。应用大数据、云计算、物联网与人工智能等技术，改善城市交通、能源、公共服务与建筑空间等城市运行的各个场景痛点，鼓励与企业合作，共同打造科技与人文共存的智慧城市。

（3）企业/组织韧性

第一，打破墨守成规，鼓励员工大胆试错。鼓励员工和各部门在各自的业务领域主动跳出思维定式，刻意打破旧习，探索差异化的业务发展路径。成立企业创新基金，鼓励员工将新的想法付诸实践，无论成功与否，鼓励试错。

第二，推动企业内部应用新技术、新模式，采用敏捷工作形式。加大对新技术的研发投入，加强对市场新技术、新模式的研究，当发现新技术后，尽快研究采用；利用 AI 等数字化手段加速试验和自主学习的循环，提升企业决策、运营、管理效率，快速反应市场新需求，解决新问题。同时，及时调整或重建工作方式，以适应新的业务模式，例如，引入敏捷项目管理模式、建造数字化中心，为数字化转型做好准备。

（4）个人韧性

第一，勇于质疑现状、突破常规，敢于拥抱错误、自我修正。在执行和推进解决方案或践行已有实践时，高韧性要求个人敢于质疑、抛弃对固有流程的简单遵从和过度依赖，突破常规和固化机制，乐于重新考察环境，勇于尝试和接纳新方法，坚持实验，并通过承认错误、自我修正来持续学习。形成开放的学习心态，避免陷入过往的"成功陷阱"，对于新知识、新技能主动了解而非逃避打压。

第二，建立数字化视野，不断迭代数字化知识，培养数字化技能，养成数据思维。主动置身于数字化变革浪潮中，建立数字化的视野和格局；关注、理解数字化新趋势、新产品、新应用场景和新工作模式；培养自身的数字化技能；认知和理解数字化效用和使用场景，学习使用数字化办公和生活工具、数据分析工具，尝试数字化工作方式，并注重数字化工具与实践场景的结合；建立"基于数据"的思考方法，在思维决策中注重数据事实的价值。

第三，高韧性的领导者应保持想象力。在面临危机时领导者依然需要富有想象力的解决方案，因为逆境中暗藏机遇。危机时以及危机过后将会产生新的需求，也会催生新的创新机遇。领导者要帮助组织采用一种灵活的双向思维模式。一方面是防御、保护和反应，另一方面是创造、创新和想象。危机时也是领导力发挥最大影响力之时，有效的危机领导力对组织能力具有多重影响。每位领导者都需要调整自己的风格，以帮助组织尽可能快速、有效地走入新范式。

第10章

能力八：平衡致远

在预警危机、应对危机、以创新的方法进行变革后，我们将进入第五阶段"布局未来"。在这一阶段，平衡致远是唯一也是最重要的能力。

平衡致远在于从根本塑造一个更长久、更可持续的机体。从第一阶段"危机识别"到第四阶段"变化创新"，韧性的核心目标都在于对抗危机，以及从危机中恢复与复苏（weather unanticipated shocks）①。进入"布局未来"阶段，我们更加关注长存（durability）②与可持续（sustainability）。

同时，平衡致远能力又与我们的提前预警能力形成了首尾相接的闭环，实现平衡致远能力会使我们的整体韧性再上一个台阶。

平衡致远能力的核心在于变短视为前瞻，实现社会和商业价值的双赢。具体而言：

第一，变短视为前瞻，植根可持续意识，平衡多方利益。社

---

① *A Leadership Agenda for the Next Decade*, BCG 亨德森智库.
② *A Leadership Agenda for the Next Decade*, BCG 亨德森智库.

会、政府和企业要打破短视，塑造长期利益；打破独享，追求多方共赢；平衡经济发展与社会、环境发展的诉求。

重新定义发展目标，拒绝数量大于质量、速度先于质量的错误标准，从环境、社会、经济、治理等维度制定综合的长期标准，制定可持续发展的方针。

同时，在制定目标与行动方针时，通盘考虑多方利益，关注、倾听不同群体的诉求，致力于保障各个群体有机会获取一致的资源。

第二，设计市场化的、科学的长效机制。加强公共部门的引导与监督，公私协作，激励市场化创新，形成可持续循环。

我们之所以要强调在高韧性社会建设中坚持平衡致远，是因为长久以来人们的认识存在误区。多数企业习惯于将股东总回报（TSR）最大化作为战略目标，这一战略背后的逻辑是，高绩效企业可以为社会提供所需的商品和服务，并且推动全球经济的增长。在这种观点看来，社会所面临的问题，包括那些由企业活动本身所造成的问题，都应由政府或非政府组织来解决。

近年来，部分跨国公司深陷环保、腐败、数据泄露等丑闻，给公司业务、品牌形象等带来了巨大冲击，中国企业在"一带一路""走出去"的过程之中同样面临环保等多方面的挑战。在当今世界中，各公司通过传统企业社会责任的角度来审视其社会贡献的做法已不再适用，它们越来越多地面临着做出更多贡献的挑战。

企业领导者需要开始重新思考企业在社会中所扮演的角色。企业正处于临界点，无论是出色的业绩还是良好的投资，卓越的领导者都面临着新的基准。可以确定的是,未来的企业不能只关心经济效益。企业不仅要为股东创造价值,还要通过解决人类面临的最紧迫问题为社会创造价值。

这一转变的发展主要受三大因素所驱动。第一,包括企业员工、消费者和政府在内的利益相关方开始不断向企业和投资者施加压力,要求他们不仅要关注经济效益,还要更全面地看待其对社会的影响。经历了急速转型快速发展的数字技术、全球化和大规模的资本流动已经影响并重塑了商业和社会。

与以往的转型一样,成功者创造了新的竞争维度和新的商业模式,提高了股东回报。为了满足华尔街盈利的需求,许多企业坚持不懈地优化运营模式、精简和整合供应链、追求资产和团队专业化,结果却丧失了韧性,难以应对市场和贸易流动的变化。随之而来的企业重组、合并和重新定位既破坏了企业文化,也削弱了企业的社会契约。

同时,这种急速转型冲击的不仅仅是单个企业,它产生的社会经济动力使许多人和群体在经济上处于不利地位,并造成了政治上的两极分化。此外,人们普遍担心气候变化的速度会超过地球的适应速度,一种充满风险和不安全感的全球思潮开始涌现。进入21世纪20年代,越来越多的民众、投资者和领导者相信,企业、资本和政府必须转变工作方式,而且动作要迅速。

因此,面对极端的外部因素,我们现在必须重新考虑整个体系的可持续性,而没有私人部门的参与,联合国可持续发展目标(SDG)将不可能实现,这一观点已成为全球共识。这便要求企业在应对经济包容、气候变化等重大挑战方面发挥更加积极的作用，否则可能因为社会和政治风险而丧失进一步发展的机会。

第二，投资者越来越关注企业在社会和环境领域的作为。有证据表明，这不仅是一项社会挑战，也是一个巨大的商业机遇，企业在这些领域的表现将影响其长期回报。据估计，实现2030年SDG所需开展的各项计划可带来价值12万亿美元的商业机遇。[①] 企业不必在股东总回报和实现SDG这两者之间进行选择，只需投资其中一项就能补足另一项的成功。

第三，许多机构投资者正在竞相将环境、社会和治理（ESG）评估纳入决策，并期待企业能够就如何实现这些指标做出回答。这便促使ESG相关的议题正逐步成为财务披露内容的一部分，因此越来越多的行业标准正在制定当中，企业在这些领域的表现也将有更加翔实可靠的数据记录，在提升透明度的同时，也将引来众多投资者和其他方的审查。

2030年联合国可持续发展目标明确指出了我们必须面对的道德和生存威胁。虽然有些人质疑可持续发展目标的广度和时效，但大多数人都认同可持续发展目标的实现可以创造一个更加公正、包容和可持续的世界。

除企业外，全球各国政府以及城市也越来越关注可持续发展的重要性，在兼顾经济发展的短期利益的同时，着眼人类社会更长远的生存和发展需求，并不断加强政策的引导和资源的投入，

---

① 超越企业社会责任，BCG官网。

以采取更加可持续、更加长远的解决方案和措施，推动可持续发展的变革和方案的落实。

以中国为例，中国坚持不断地践行可持续发展目标，取得了一定的成绩。

在空气污染治理方面：2016—2019年，全国地级及以上城市的PM2.5年均浓度累计下降21.7%。其中，北京市政府通过撤销工业园区、大量关停污染工厂等举措，实现了北京蓝天白云的重现。仅2018年上半年全市累计退出一般制造和污染企业473家[①]，北京的重污染天数由43天下降到4天。

在生态环境保护方面：全国累计完成防沙治沙任务8 800万平方千米；森林覆盖率不断提升，从新中国成立之初的8%跃升至2018年的近23%；建成国家级自然保护区474个，各类陆域自然保护地面积达170多万平方千米。

在气候控制和节能减排方面：国内新能源汽车产量快速增长，全国公交车电动化比例大幅提升，从2015年的20%提升到当前的60%。2019年，全国温室气体排放总量同比下降幅度均超3%。

在消除贫困方面：截至2020年5月，全国生态扶贫共带动300万贫困人口脱贫和增收，中西部22个省市林业产业总产值已达4.26亿元。[②]

长远发展正在变得越来越重要。随着这些趋势和可持续议题

---

① 上半年北京关停473家一般制造企业. 北京日报［N］, 2018-08-19.
② 这五年，中国更美丽. 人民日报［N］, 2020-10-27.

重要性和急迫度的提升，社会价值的创造和可持续性发展将不再是次要的活动。因此，我们提出总体社会影响力（TSI），即对世界经济、社会和环境所产生的积极和消极影响的衡量和评估结果的综合体现。TSI 在不同的主体层面上会有不同的体现形式。对于企业而言，TSI 是企业的产品、服务、运营、核心能力和各种活动创造的整体社会效益。

加强总体社会影响力最有效、最具挑战性的途径是利用社会和企业的核心能力，创造可持续的规模性社会效益方案。BCG 基于过往大量的相关项目和研究经验，提出通过六大维度系统性地推进总体社会影响力，进而收获商业和社会层面的双赢：普惠兼容、合规治理、道德规范、经济活力、环境可持续性、民生与福祉。

图 10.1　总体社会影响力 / 可持续发展的六大维度
资料来源：BCG 分析。

第10章 能力八：平衡致远

第一节 推动普惠兼容，带动平衡发展

从企业的角度，普惠兼容是指每名员工均享有同等公平的职业发展机会，在企业内部推行多元化、兼容性的政策，无差别地对待每一位员工。从社会的角度，普惠兼容则强调每个人能拥有平等的机会和权力，减少社会的贫困和饥饿，消除性别歧视，增强妇女和女童的权利，减少社会内部和社会之间的不平等。

当新冠肺炎疫情在全球蔓延时，面对这一人类的全球危机，世界卫生组织对于非洲等不发达地区表示出了更大的担忧。很显然，这些发展中地区在医疗条件等方面均落后于发达地区，这意味着他们面对病毒时将会更加脆弱。以肆虐非洲的埃博拉病毒为例，这种烈性病毒在西非国家甚至能造成70%以上的死亡率，但在发达的欧洲，患者的死亡率要明显低得多。

越发频繁的全球性危机使得人类"命运共同体"的特点更加显著，应对气候、环境、自然的退化乃至灾害，各国都在付诸努力，减少对未来生存环境的透支，以免带来灾难性的后果。显然，拥有更强经济基础的国家和地区面对危机的应对能力往往更高，而落后于平均线的国家则更容易暴露在风险之下，高度的脆弱性也很可能让这些国家遭遇致命性的打击。对这些国家而言，改变确实在发生，但从起点到终点的路途却比平均线以上国家更加崎岖。

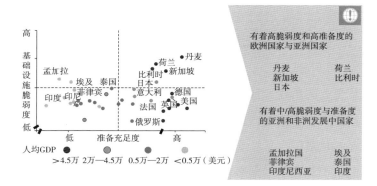

注：1. 基础设施脆弱度评估是指沿海基础设施在应对气候变化危机的脆弱程度。包括预计海平面上涨变化带来的影响、对于输入性能源的依赖度、在海平面5米以上的人居状况、电力的可及性等变化因素；

2. 准备充足度衡量是指一个国家通过投资，形成提升适用性的行动能力，包含了三个部分的考量经济准备度、政府治理准备度和社会准备度。

图 10.2　人均 GDP 在脆弱度与准备度中的表现
资料来源：BCG 分析。

可持续性除了着眼于长期，其中重要的维度还有普惠性、平等性和包容性，这就要求在发展中关切所有类型的群体，保护所有群体的共同利益。从消除贫困到零饥饿，从维持和平安全到普惠教育，人类的可持续发展应关注所有的群体，让更多有需求的人发声，最大限度地倾听并满足各类群体的诉求。

以数字化教育的普及为例，尽管越来越多的国家和地区都在注资数字化教育，但很显然它的发展并不均衡，它的主战场依然是精英教育；在非精英教育人群中，数字化教育的普及率并不高。而在新冠肺炎疫情肆虐、社会长期隔离的情况下，如果不改变现状，就意味着只有精英人群有机会在疫情下继续享有教育资

第10章 能力八：平衡致远

源，普通家庭会因缺乏数字化教育的机会而不得不中断正在进行的学习。

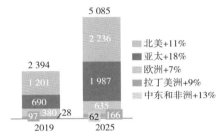
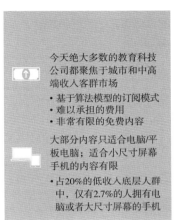

图 10.3　数字化教育已成为全球性的巨大产业

资料来源：Arizton Research。

案例35　平等的教育机会——BCG助力印度政府优化数字化教育

新冠肺炎疫情袭击印度后，印度约有2.5亿名学生无法上学，800万名教师陷入停职乃至失业状态。BCG受邀为印度政府设计并试点数字化教育战略。

我们的战略覆盖三个邦的2 200万名学生以及80万名教师，致力于保障所有类型的学生能够通过数字化内容图书馆（digital content library）随时获取高质量的教育内容，保障教师有专业的职业发展空间，保障家长能对自身在教育中的角色和作用有清晰的认知。

在两周之内，在一众教育机构、教育解决方案提供商等合作伙伴的支持下，我们通过整合多渠道教育内容，形成了内容全面的数字化图书馆。通过 WhatsApp 共享 YouTube 教学视频内容，确保每天固定时间档的电视教育节目播放，确保每天 1 小时以上的小学课程广播，以及将政府教学门户的内容嵌入教材。

此外，我们还通过与 YouTube Analytics、WhatsApp 等技术方合作，建立了综合的数据收集与反馈分析机制，通过采集浏览量、浏览时长、内容反馈等信息，在项目中及时调整教学内容的传达方式和设计方式，提高师生与家长的参与度。

项目最终触达 1 400 万个家庭，8 周之内有 430 万名家长加入 WhatsApp 小组，在第 8 周有 130 万名各年级学生以至少每周一次的频率登录数字化教育平台进行学习。

最让人欣慰的是，项目确实推动了不同类型群体的行为改变，大量初次申请数字用户被激活，而这一激活意味着未来的无限可能，他们可能将会对数字化内容有更高的接受度和更广的接触面。我们看到学生们对数字化教育表现出极高的热情。在许多家庭中，尽管数字化设备缺乏，但多个孩子可共享一部教育设备进行学习。在许多社区，学习小组成了风潮。

家长对数字化教育接受度更高了，许多家长愿意购买手机，90% 的家长表示在疫情后他们仍愿意通过 WhatsApp 获取学习信息。

甚至，他们也开始对教育表现出兴趣，"我的妻子从来没上过学，可她比我们的孩子对上学还感兴趣"，一名拉贾斯坦邦的家长告诉我们。

数字化教育高效的教学方式也赢得了更多教师的认可。数字化教育的普惠性还激励了传统教育领域的创新，85%的教师开始设计数字化的教学内容。针对那些无法接入数字化教育课程的学生，一些教师发起了保持社交距离的线下团体教学，或者到学生家中进行教学以及与家长互动。家长与家中年长的孩子也开始自发地分担教师的任务，帮助年幼的孩子学习。

除此之外，在印度，数字化教育最大的技术掣肘不是设备缺失，也不是流量成本高昂，而是缺乏稳定的数据流量以及稳定的供电。在贾坎德邦，很多社区甚至需要翻过900米高的大山才能连入网络。而一旦基础设施与设备问题被解决，数字化教育有望触达至少50%的印度人口。这反映出政府的基础设施建设依然任重道远，而优化基础设施的建设、加强民生福祉的保障正是可持续发展中的另一个重要目标。由此可见，可持续发展的实现需要多举措、多抓手并行。

我们通过帮助印度政府优化数字化教育，为新冠肺炎疫情下的教育和人们生活带来改变，显示出加大数字化教育的投入将会对可持续发展带来极大的助力。同时，可持续性发展应更加注重对不发达国家和地区的投入，以推动社会的公平性、普惠性和包容性。

第二节 加强合规治理，确保长治久安

合规治理包含企业运营、社会治理两个层面的内涵。在企业运营层面而言，是指企业是否很好地践行了公司治理的原则，如董事会应保持独立性，保护股东的权益，在用人和薪酬制度上公开、公正、透明，以及是否具备强大的合规流程，是否遵守审计规范，会计结果是否值得信赖。公司治理的效果体现着一家企业在社会上的承诺性和有效性。在社会治理层面而言，则指社会赋权的治理制度，如针对某些事件，开展全面有力的尽职调查，完善申诉和补救程序，设有利益相关者的发生渠道和参与机制。

历史上曾被认为"大而不能倒"的企业因对合规治理的重视程度不足而止步不前，未能实现可持续性发展的案例比比皆是。

安然公司（Enron Corporation），曾经的世界上最大的综合性天然气和电力企业之一，因财务造假而被曝光，在丑闻被揭露后的几周内迅速宣布破产。负责其审计的安达信也深受影响，从而退出了审计业务。安然破产的原因固然错综复杂，但其中关键原因之一，便是未能充分重视合规治理的重要性，没能严格履行公司治理的规范和承诺。一方面，本应承担监督职责的独立董事实际上"并非独立"，或与安然存在交易关系，或供职于安然支持的非营利机构；另一方面，安达信不仅为安然提供外审，还提供咨询服务，两种业务未有效区隔。公司治理的核心原则全面沦陷，

使得安然带着极为糟糕的社会形象和影响黯然离场。

公司治理的重要性虽然一直被强调，但因公司治理不规范而断送商业生命的案例却屡见不鲜。比如，近几年迅速崛起的某某咖啡，曾一度被认为是"国货之光"，愿景是与星巴克等行业龙头企业分庭抗礼。因为高速的发展而受到大量市场和资本的竞相追逐，却为了追求商业利润的快速增长，忽视了公司治理的基本原则，而今面临重大生存危机。

千亿级的老牌企业和前途光明的明星企业，都因对合规治理的重视程度不足而断送了企业的商业前程。那么，企业如何能够做好合规治理，为可持续发展奠定基础呢？通用电气提供了思路。

通用电气通过强化内部审计功能，加深对于企业经营活动的监督作用。通用电气作为一个超大型跨国公司，旗下众多下属企业遍布全球，公司治理的需求和难度颇大。为保证一切商业活动合规有效，通用电气将内审分为两类，一类是下属企业财务部门自己的审计，保证符合总公司规定；另一类更体现通用电气特色的是"超越账本、深入业务"的总公司的一级审计。以检查账目为基础，总公司的内审人员需要对下属企业的经营状况、业务流程进行检查，对于可能存在的问题及风险点予以重点关注，便于后续更好地改善经营。

第三节　重视道德规范，构建合规流程

道德规范主要指行为需要合乎道德标准，如企业的采购和营

销等商业行为需兼顾社会责任，重视产品安全。若雇用劳工，则需要保证劳工政策符合道德规范。此外，在数字化时代，还应注重保护用户的数据隐私和安全。从社会层面而言，大力弘扬良好的道德规范及最佳实践，如抵制腐败、保护人权等。

商业价值与社会责任并非不能割裂，因追逐短期商业利益而忽略道德规范，如忽视数据隐私安全、产品安全，甚至陷入欺诈贿赂等，将导致企业深陷泥淖，难以可持续发展。

三星就曾因忽视产品安全而在全球电子产品市场的激烈竞争中落败。三星拥有世界顶级的手机生产线和生产技术，但因过于自信，对于产品安全管理重视度不足。2016年推出的Galaxy Note7存在严重的电池安全隐患，上市后发生多起自燃、爆炸事件，53天内三星即宣布全面召回，且全球永久性停产停售。Galaxy Note7的事故不仅彻底打乱了三星的战略节奏，对三星的社会形象更是毁灭性的，以致其在全球智能手机的市场份额显著削弱，在后来与苹果、华为的竞争中居于劣势。

位于硅谷的脸书，遍布全球约30亿用户，然而从成立至今的10多年间，数次发生隐私数据泄露不当用户内容等事件，使得人们心中的不安愈加严重。为应对这种批评，脸书也采取了一系列举措加强数据监管与隐私保护。2020年2月，脸书发布《向前一步：在线内容监管白皮书》，主动为在线内容监管提供可能的解决办法。

重视道德规范对于企业的可持续发展至关重要。企业如何能够提升道德规范，将道德规范融入企业价值和日常经营中呢？

全球知名的能源公司道达尔的 CEO 曾说"只有一个道达尔"。他强调商业的道达尔与社会责任的道达尔不能各自为战，是统一和一体的。道达尔对于社会责任的重视也并非只落在价值层面，也从产品层面和业务层面做出关键调整。例如，道达尔的业务单元中每 10 万名员工中至少有 1 000 名在从事环保相关业务；石油泄漏事故会对环境造成不可逆的伤害，道达尔尤为注重安全标准的设立，并花费巨额投入用于石油泄漏模拟；道达尔还减少石油类产品比重，增加满足可持续性标准的新产品比重。

西门子也曾因忽视道德规范、经历腐败事件的重创，但充分汲取过往失败经验，构建起了全面的合规流程和体系，实现了对道德规范关键事项的防范、监察和应对，对可能出现的问题进行跟踪监督、及时处理，将不规范的苗头扼杀在萌芽中。

第四节　采取分类施策，维持经济活力

经济活力主要指以直接或间接的方式创造经济价值，如贡献税收、开展投资、推动创新等，促进持久和可持续经济增长与充分的生产性就业，为整个供应链上的员工解决生计问题，并创造经济效益。

当不确定性冲击我们时，经济往往首当其冲，受到最直接、最明显的影响。经济一旦受到影响，不仅对大众生活产生影响，也会影响到一国的政治、文化、国际地位等。这就是我们前文中提到的，为什么国际社会即便在看到新冠肺炎疫情危害非常严重

的情况下，仍在疫情防控与暂停经济之间犹豫不决，因为暂停经济付出的潜在代价太大。经济的衰退将给社会的稳定带来巨大的隐患，工业生产的中断、商品价格下跌、不断加大的失业风险会导致大量的劳动力面临失去生计的风险。因此在应对危机时，政府助力经济重启，维护经济和社会的稳定，推动可持续性的发展。

危机时政府根据各行业所受的影响进行分类，采取针对性措施，维护经济韧性。在2020年新冠肺炎疫情下，各国经济的活力和恢复情况呈现出显著的差异，这为我们提供了一个很好的契机去思考：当危机来临时，政府可以采取哪些举措恢复经济，应如何平衡在特殊时期与长期的产业发展资源投入与效率，从而确保经济发展的可持续性，以及实现高韧性经济的构建。参考本次疫情中的经验，我们提出四个关键的普适性举措。

第一，了解危机下各行各业所受的影响，分类对各产业采取针对性措施，在有限的时间及资源下更好地实现政策效果，既需要理解不同行业在危机中受到的直接冲击，也要考虑对行业产生的中长期作用。以新冠肺炎疫情为例，对主要行业的综合影响可以定性划分为三大类型：直接遭受负面冲击且情况危急的重创危机类行业，受负面影响但本身韧性较强的中坚挑战类行业，在疫情中出现新模式和机遇的创新机遇类行业。

根据经济行业受危机影响程度的不同，政府应加强对各类型受影响行业特点的把握，实现精准施策，从而提高企业经济韧性，帮助整体经济更快恢复。

第二，受危机重创行业：重点帮扶，给予精准政策扶持，快速恢复造血。根据危机类型的不同，重创行业的程度和特点也会有较大差异。在本次疫情中，外贸行业受创严重且情况特殊，不仅受制于全球疫情恢复的情况，也受全球政治格局变化影响，长期影响可能导致供应链的直接转移。因此急需政府提供援助服务平台、鼓励产业链升级、优化其生存环境。政府和行业协会可以在关键时刻发挥行政力量、资源优势，搭建服务平台、信息平台，推进区域贸易协作，这对加速外贸行业恢复起着重要作用。

除了外贸行业外，本次疫情中，受重创危机的企业中以中小微企业为主。由于实时交易较多、企业资金链较短、中小企业面临"近期停、中期冷、未来持续不确定性"的威胁，更容易由于现金流枯竭而引发大面积倒闭，进而引发大量失业等后续连锁反应。而一个可持续的经济体离不开中小微企业所发挥的基石作用。因此，需要政府通过精准的倾向性保护举措使中小微企业脱离困境。政府可以推出稳岗政策、拓宽企业融资渠道、优化营商环境，助其快速恢复造血能力。

第三，中坚挑战类行业：精细引导投资与消费复苏，稳固经济中坚力量。在危机中也有一些经济行业在短期内受到较大影响，但由于终端需求相对稳定，行业具有一定韧性，能够在中期内基本恢复，例如，制造业、建筑业、地产业等。尽管如此，中坚行业从危机中复苏的速度极大程度上决定着经济回暖的速度，因此，政府可从供给和需求两侧发力加快这一进程，拉动内需，及时稳住基本盘，增强企业信心。

从供给侧，在投资领域持续深化改革，实现多方参与，包括新基建、推动改革释放政策红利、推动新的投资主体与投资方式。在新时代背景下，政府不仅可以把握传统的基建和公建机会，更可以通过释放新机会政策空间、抓住新基建等公共领域新兴投资机会等方式，稳固经济支柱。在此过程中，除了政府起到引导角色以外，放开市场准入、扩大投资主体、吸引市场力量参与也是保障基建投资可持续的要点之一。

从需求侧，精细化引导消费保障内需。在引消费、促内需的过程中，政府可以实施的关键举措包括：配合社会的新消费需求、针对特定的经济拉动效应较强的品类、推出相应补贴和改革；在消费者端进行直接补贴；进行终端补贴并提供信贷支持。

第四，创新机遇行业：敏锐识别市场创新方向，通过复合手段引导产业发展。危机中也往往蕴藏着机遇。无论是传统制造业抑或是新型服务业，危机的重压都从客观上为行业带来了创新模式和机遇。能否把握住创新机会点，推动危机之下的加速转型和变革，提高未来的抗风险能力，考验的是政府和企业的判断力、决策力和执行力。

对于制造业基本盘而言，加速产业链数字化转型，减少人力投入、精益生产流程、智能预测并按需调整产能，对于提升抗风险能力、打造高韧性经济有着重要作用。在新冠肺炎疫情期间，劳动力不足以及疫情防控成本上升对企业提高智能化水平以实现更加柔性、高效的生产提出迫切要求，诸多企业及时响应调整，在数字化能力上寻求快速突破。

此外，政府应鼓励创新机遇行业，持续推动新模式、新技术应用，加速推动创新场景落地支持。企业能够快速把握危机中涌现的新机遇、新场景，离不开政府在鼓励创新进步方面的持续推动。前瞻性的战略眼光和充分的资源撬动与投入对于帮助企业和科研机构把握新兴机遇、推动创新场景落地、建立竞争壁垒发挥着重要作用。

从全球范围来看，政府层面推动科技创新是一项长期工程，首要任务是从生产要素层面筑基，建立体系和制度，并提供相应资金支持、税收减免及配套服务等。此外，在面对特定危机中涌现的新兴机遇时，政府也可通过开放政府接口、加大政府采购力度等方式加速创新场景落地。如本次疫情中，智慧医疗、在线医疗的场景获得极大丰富，政府可从支持医保电子凭证推广、支持符合资质的互联网医疗服务纳入医保支付等维度帮助孵化创新场景。

"经济基础决定上层建筑"，经济效益直接决定着一个社会的稳定和人民生活的水平。可持续发展的经济在促进充分的生产性就业、让人获得体面工作的同时，也需要促进持久和生态的经济增长。如何在维护社会经济利益的同时，通过创新的方式兼顾经济的可持续性发展，则是另一项重要的议题。而这两者其实并非绝对矛盾的关系，近年来，一些生态城市的打造已经在这两者利益的平衡上取得了非常不错的实践，"与水共存"的荷兰城市就是这其中的典型样本。

案例 36 与水共存，兼顾经济发展与生态变化
—— 荷兰城市的可持续性生态经济之路

荷兰作为低地国家，直接受到气候变化引起的海平面上升的威胁。据其国家气象局称，21世纪末荷兰海平面可能升高35—85厘米，城市的可持续性颇为脆弱。因此，各城市积极鼓励社会各界采取多种手段兼顾经济发展和生态保护。

在数百年的发展历史中，荷兰的城市通过紧邻密集的水网逐步实现发展。随着海平面上升而逐渐将人口向离水较远处迁移并不现实。因此，荷兰社会各界都在积极寻找"与水共存"的方法：建筑公司 Dura Vermeer 在阿姆斯特丹用旧船打造了32栋浮动住宅；The Floating Farm 在码头的活动平台上喂养了数十头奶牛，该项目还计划在浮动平台上养鸡、种植水果和蔬菜。

鹿特丹的雨水广场平日是市民娱乐休闲的场所，一旦暴雨来临，几个形状、大小和高度各不相同的水池和其之间的沟渠就变成了一个防涝系统。雨水广场的三级构造可应对不同降雨量的天气，最多能储存1 700立方米的雨水，足以应付当地十年一遇的特大暴雨。

在雨水广场的设计过程中，围绕着水在广场中的角色以及水广场的社会功能，包括下沉广场的位置、形式、公共功能等，鹿特丹在公众设计师的引导下进行了深入和广泛的参与，形成了充分吸收公众意见的最终方案。

"与水共存"的理念在政府呼吁之下，各行各业都不断催生出

可持续发展的创新设计，让荷兰的城市在经济发展的同时与自然共存。

在现代社会中，市场对于资源的配置毫无疑问起着决定性的作用，而这也是可持续的经济最有效、最直接的力量。无论是在国家层面的经济稳定引导，还是在城市层面的生态城市打造，政府都呼吁且强调私人企业应共同参与到经济可持续发展的建设中，充分调动市场的力量，共同打造可持续性的经济发展。

案例37　化无形为有形，路孚特（ESG）投资共建良性的可持续循环经济

私人企业在可持续性社会发展中同样不能独善其身。随着社会发展涌现出一系列的长期问题，诸如环境污染、气候变暖、贫富差距等问题，越来越多的人开始向引发这些问题的源头企业施压，股东、员工、客户、政府乃至投资者都开始敦促企业更积极地应对气候变化和经济兼容等问题，对企业提出了更为严格的要求。

逐渐地，人们开始改变对于长期和责任投资的看法。1973年1月，刚成立的联合国环境规划署金融行动机构（UNEPFI）强调了环境、社会和公司治理对股权定价的重要性。2006年，ESG概念在一份研究报告中被首次明确提出。此后，国际组织和投资机构将ESG概念深化，评价标准和投资产品不断推出，ESG逐渐成为

国家主权投资基金、养老基金的重点参考指标之一。[①]

ESG是关注企业在环境、社会和公司治理三方面绩效的投资理念和企业评价标准，可以评估企业在促进经济可持续发展、履行社会责任方面的贡献。它很好地平衡了企业聚焦短期经济发展与发挥长期社会影响的矛盾。推动ESG投资能够倒逼有融资需求的企业在生产过程中注重长期社会价值的实现。

而事实证明，企业追求优化其长期社会价值也会为自身带来巨大的益处。BCG梳理了200余项研究、行业报告、文章和书籍，发现ESG对企业的资金成本、经营业绩与股价表现均有积极影响。在关于资金成本的研究中，有90%[②]显示ESG标准对降低资金成本有积极贡献。文献指出采纳ESG标准能扩大融资渠道，良好的公司治理更能有效降低股权和债务融资成本。

除此之外，对于投资者而言，ESG可带来超额收益，投资回报可观。综合2200项实证研究，发现其中90%研究对象的ESG与财务业绩之间存在非负相关关系。一项对比1993—2000年180家类似公司的研究发现，高可持续性公司的股市和会计表现优于同业。

东方汇理研究发现，2014—2017年，责任投资是北美和欧元区市场卓越表现的来源之一。此外，随着社会对可持续发展的日趋重视，资管公司推出ESG产品也能帮助其提升品牌形象，带来诸多非实质性的回报。

---

① 金融投资机构经营环境和策略课题组等. ESG投资理念及应用前景展望，中国经济报告，2020（1）.
② $90\% \approx 26/29 \times 100\%$。

得益于多方面的益处，全球投资者对 ESG 投资的关注度近年来不断增加，ESG 资产增速迅猛。2016—2018 年，ESG 投资年复合增长率达到 16%，远超传统资产仅为 3% 的年复合增长率。2018 年，全球 ESG 投资规模达到 30.7 万亿美元，这意味着全球每 3 美元就有 1 美元投资到可持续投资资产中。①

ESG 为我们展现了关注长期社会影响能为企业、投资者带来益处，着眼长期确实带来了意料之外的收益，形成了正向循环与积极影响。这些益处对于激发各类主体参与到可持续发展社会的建设具有直接的激励作用，也启发我们在高韧性社会的建设中最好的方式是利用市场手段，吸引各类力量积极主动参与到这一议题。

第五节　加大环境投入，重视持续发展

我们可以从企业和社会两个层面理解环境的可持续性。从企业运营层面，减少生产运营过程中产生的污染和各类能源的浪费，降低能源、资源、水资源等能源的消耗，减少温室气体的排放，处理工业废气废料的排放以达到国家要求的排放标准。从社会层面，降低产品服务在使用过程中、寿命末期以及废弃阶段对生态环境的影响，保护生物的多样性，关注和改善气候环境的变化等。

---

① BCG：《中国 ESG 投资发展报告：方兴未艾，前景可期》。

无论是国家还是企业，罔顾长远而追求一时利益的例子比比皆是，甚至在许多国家的发展进程中都存在着类似的选择和弯路。

中国曾推行粗放的经济发展模式。如今这样的发展方式已被证明不可持续。随着中国从追求数量、粗放扩张转变为追求质量、提高效率，高质量发展成为新时期的主题，对于社会生活、人民福祉与气候环境的关注也与日俱增。

以气候问题为例，2020年9月22日，中国国家主席习近平在第75届联合国大会上承诺，中国将采取更有力的政策和措施，努力争取到2060年实现碳中和。[①] 引领世界、升级产业、守护福祉，中国正在任重而道远的减排事业道路上坚定前行。

一、积极的气候目标将为中国创造多方位机遇

在过去的十几年中，中国在减排的各维度均采取了切实有效的行动，为发展中国家建设低碳经济树立了榜样。在能源方面，中国是世界光伏行业的领导者，全球光伏装机量占比超过40%，并持续为光伏价格降低做出贡献。在工业方面，"十三五"期间，中国致力于供给侧结构性改革，清退了大量低效产能；在交通方面，政府通过双积分政策引导新能源车普及；在建筑方面，中国出台了绿色建筑评价标准和标志认证；在农业和土地利用方面，

---

① 碳中和是指在规定时期内，二氧化碳的人为移除抵消了人为排放。人为排放即人类活动造成的二氧化碳排放，包括化石燃料燃烧、工业过程、畜牧生产等；人为移除即人类从大气中移除二氧化碳，包括植树造林增加碳汇、碳捕获与封存等。

中国是近 10 年来森林面积净增加最大的国家。①

中国在低碳减排上已经取得了骄人成绩，但从长期来看，制定更高的减碳目标对中国的综合发展有着独特的意义。目前的研究与证据表明，中国在技术、经济上已具备较为坚实的基础，力争实现2℃减排路径下的减排目标。②若要在2060年前实现碳中和，中国则需更进一步，沿 1.5℃减排路径不懈努力。制定更高的减碳目标，将从以下三方面为中国发展带来新的机遇。

（1）发展的可持续性

更高的减碳目标能帮助中国减少可预见的自然灾害，改善人们的生活品质。如果不采取进一步措施，中国国内热浪的持续时间至2050年将在现有基础上增长10倍，一年中将长达12天。③与此同时，洪水的频发将对中国沿海、沿江等经济发达与人口密集地区造成进一步影响，预计2050年将造成2万亿元直接GDP损失。④

碳排放源头往往伴随着空气污染，而由空气污染所导致的肺

---

① 联合国粮农组织：《2020年全球森林资源评估》。
② 《巴黎协定》是 2015 年 12 月 12 日在巴黎气候变化大会上通过、2016 年 4 月 22 日在纽约签署的气候变化协定，以期世界各国共同遏阻全球变暖趋势。《巴黎协定》的长期目标是将全球平均气温较前工业化时期的升幅控制在 2℃以内，并努力将温度升幅限制在 1.5℃以内。2℃和 1.5℃路径是基于巴黎协定温升目标的排放路径模拟的。
③ *Projection of heat waves over China for eight different global warming targets using 12 CMIP5 models [J]. Theoretical and applied climatology*，2017.
④ WRI Aqueduct <aqueduct.wri.org>.

癌、中风等疾病成为致命因素，目前占到了中国总死亡人数比例的 10% 左右。[1] 若不加以改善，到 2050 年，受空气污染影响的中国人口比例将超过 85%，因此而死亡的人数每年约增加 2 万。[2]

此外，气候变化还会带来自然资源的紧缺。到 2040 年，中国中部的水资源压力将会是目前的两倍。到 2050 年，气候变化将使得水稻、小麦、玉米等主要作物减产超过 10%。[3]

（2）国家能源安全性

通过进一步发展关键绿色能源和绿色科技，中国能够大幅减少对不可再生能源的依赖，进而减少对能源进口的依赖。大力发展风能、光伏等可再生能源对于提高国家能源安全有着重要的战略意义。

根据 BCG 的测算，在 2℃路径下，中国化石能源消耗至 2050 年将降低超过 50%；在 1.5℃路径下，中国化石能源消耗至 2050 年将降低约 80%。目前，中国在风能和光伏方面的投资居世界前列，并且拥有全世界 1/3 的可再生能源专利，但仍需再接再厉。在一些领域，中国依然需要追赶发达国家。以风能为例，与丹麦等国相比，中国风机容量相对较小，一定程度上降低了能效。在

---

[1] 2006—2016 年中国室外空气污染的归因死亡分析 [J]. 中华流行病学杂志，2018.
[2] *Impacts of climate change on future air quality and human health in China [J].* Proceedings of the National Academy of Sciences，2019.
[3] 雨水灌溉条件。*The impacts of climate change on water resources and agriculture in China [J].* Nature，2010.

海上风电领域，中国的国际科技专利数量与欧美、日本等发达国家还存在一定差距。

（3）直接的经济促进

对绿色经济的持续发展将能够直接提升中国中长期GDP和就业率。根据BCG测算，在2℃路径下，绿色技术投资至2050年将提升中国GDP 1—2个百分点；在1.5℃路径下，绿色技术投资至2050年将提升中国GDP 2—3个百分点。

除此之外，根据国际可再生能源署（IRENA）预测，在2℃路径下，绿色经济相关行业，尤其是可再生能源、建筑、交通、垃圾处理等行业至2030年将为中国带来约0.3%的就业率提升。

可以说，低碳减排并非与经济增长背道而驰，相反对其有正向刺激作用。已经有不少这一领域的先发国家的例证说明，发展绿色经济是驱动良性经济增长的必由之路。比如，2018年丹麦绿色工业对GDP和就业率的贡献均达到3%；德国也是绿色科技创新方面的世界领先者，占全球绿色技术市场份额约20%，其绿色工业对GDP和就业率的贡献约占2%。

二、面向碳中和目标的中国气候路径建议

BCG对中国温室气体趋势的不同情景进行了测算。在基准情景下，截至2050年温室气体排放相较现状将降幅10%—20%，距离达成《巴黎协定》的升温控制以及中国承诺的碳中和目标还

有很大差距。若要在2060年前实现碳中和目标,应从即刻起贯彻1.5℃的路径。中国应力争在2050年前实现75%—85%的温室气体减排。在这一过程中,我们需要在当前计划的基础上推行更加积极的减碳举措,并努力突破先行技术与社会认知边界。

为实现减碳目标,当前中国的减碳举措主要有四大类型:能源结构转型(以可再生能源、核能等再生能源替代煤炭、天然气、石油等化石燃料)、模式升级(通过改变现有设备、工艺的运作模式来推动节能减排,如采用创新工艺流程、交通模式变化、使用热泵技术)、能效提升(提升能源效率,如工业通用设备节能、降低燃油车能耗、推广节能家电)、碳捕获与储存技术(CCS技术,即在利用化石能源发电以及工业部门中推广碳捕获与储存技术)。

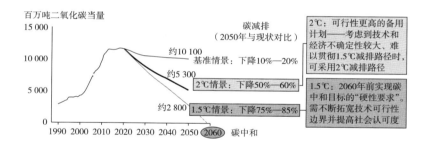

图10.4 1990—2060年中国温室气体排放量与碳减排发展路径
资料来源:BCG分析。

在以上四类举措中,能源结构转型的减碳影响是最为显著的,将贡献约70%的温室气体减排,主要由能源部门的清洁能源发电、交通部门的电动化转型带动。模式升级次之,约占温室气体减排

第 10 章 能力八：平衡致远

的 20%，其中工艺流程创新、可持续农业相关举措贡献主要份额。碳捕获与储存技术对减排的贡献同样不可小觑，在化石燃料无法完全清退的情况下，CCS 技术将势必推行。

在碳中和目标的指引下，能源、交通、工业、建筑、农业与土地利用等五大部门需要共同努力，开启低碳转型。为了实现 1.5℃路径下温室气体减排目标，五大部门需要各自达成约 60%—105% 不等的减排幅度，对于部分部门来说，接近零排放级别。这意味着以果决的政策驱动、机制改革为根基，以积极有力的减排举措为抓手，推动行业的根本变革、企业的绿色转型与公众的减碳理念。比如，在能源部门要积极推进能源体制改革，促进公平竞争与技术创新。在工业部门要挖掘工艺流程创新的减碳潜力，并引导企业建立完善的节能减排监控与管理能力。在交通、建筑部门要提升社会对交通工具电气化、炊事与热水电气化的接受程度。

图 10.5　在基准情境下，四类举措对碳减排的贡献

资料来源：BCG 模型测算。

为了实现碳中和承诺，中国需要沿着 1.5℃减排路径不懈努力，在各项举措上力争做到极致，并在 2050 年前实现 75%—85% 的温室气体减排。而为了在 2060 年之前实现碳中和，中国在部分最具挑战性的举措上甚至需要超额完成 1.5℃路径下的目标，并且需要加深挖掘负排放（如 CCS 技术、碳汇）潜力，主要包括：

能源部门：在核能发电上持续推进成本节降、安全提升与社会认可，实现超过 1/3 的核能占比；促进 CCS 技术的全面推广与去碳捕捉能力提升，将渗透率提升至 90% 以上；在能源产品制造的过程中持续探索去碳空间。

工业部门：在工业自由发电、产热的过程中，推进 100% 的 CCS 技术渗透率；在工艺流程创新的基础之上进一步释放去碳潜能。

交通部门：大规模禁止传统燃油车，只留下少部分（小于 10%）的低油耗车型；加速氢燃料飞机的商用化，力争实现 50% 以上的渗透率。

建筑部门：不遗余力地推动炊事与热水的全面电气化。

农业与土地利用部门：在垃圾处理方式上大力推动焚烧处理，实现 80% 以上的渗透率目标；继续挖掘碳汇增长的潜力，助力负排放的持续升级。

不仅是政府，面对气候这一既关系人类生存，又和经济发展息息相关的重要议题时，各企业有能力、也有责任在节能减排和环境保护上积极做出努力和贡献。

第10章 能力八：平衡致远

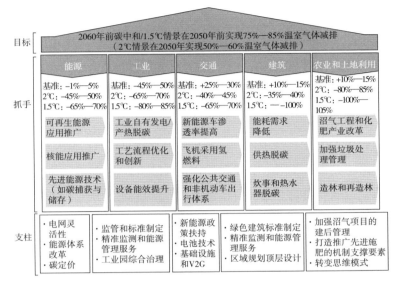

注：所有百分比均为与现状（2019年）相比。

图 10.6　2060年实现碳中和的支柱、抓手与目标
资料来源：BCG分析。

三、BCG——"净零"承诺[①]

作为全球领先的咨询公司，BCG正在承担起自己在节能减排与环境保护方面的责任。我们意识到气候变化是当今人类所面临的最紧迫的挑战之一。科学研究已证实，若要避免气候变化造成一系列不堪想象的后果，人类需要将全球变暖幅度控制在1.5℃以内。这意味着，未来10年，全球二氧化碳排放总量必须减半，且

---

① *BCG's Net-Zero Pledge*, BCG, 2020.

要在2050年前实现"净零"排放目标。因此,人类需要立即采取措施,迅速向低碳经济转型,同时大规模推广从大气中清除二氧化碳的相关项目和技术。

尽管近期气候问题备受重视,但以目前世界做出的减排承诺来看,人类仍不足以实现1.5℃的目标。作为始终关注气候影响的公司,BCG将从三个方面为气候可持续发展贡献自己的力量。

第一,以身作则。通过改变BCG自身的运营方式,并投入实际行动以减少自身业务和价值链对气候的负面影响,2030年实现自身对气候的"净零"影响。为达成该目标,BCG将减少自身的碳足迹,并通过投资先进的脱碳项目来中和剩余的气候影响因素,BCG主要遵循四大原则。

一是测量、监测及公开汇报。BCG将继续测量、分析、独立验证,并在《BCG年度可持续发展报告》中汇报BCG的气候影响"净零"进展。BCG通过测量,将温室气体排放与非温室气体来源(如飞行引发的辐射强迫)对气候造成的影响共同纳入BCG的碳足迹衡量指标中。也就是说,BCG的承诺是实现净零"气候影响",而非局限于净零"温室气体排放"。

二是设定明确目标,减少BCG的碳足迹对环境造成的影响。为了减少BCG的业务活动以及更广泛的价值链对环境造成的负面影响,BCG的减碳行动覆盖了所有相关范围。BCG的"净零"范围包含燃料消耗产生的直接排放、发电和供暖产生的间接排放以及价值链排放,主要为BCG的差旅对气候的影响,也是当前BCG最大的碳足迹,约占总体的80%。

而 BCG 在各维度上都设定了明确的目标。如果以 2018 年为基准，到 2025 年，BCG 每位全职员工使用能源和电力产生的直接温室气体排放将减少 90%。这一目标依据的是最新的科学研究，且是符合控温 1.5℃的最佳实践。

自 2019 年起，BCG 开始采用 100% 可再生能源为办公室供电，把具备条件的办公室的供电来源更换为可再生能源。达不到条件的办公室则购买了非捆绑式可再生能源证书，目前已完成既定目标的 82%。BCG 将继续寻求在业务运营中提高能效的新方法，完成剩余的指标进度。

BCG 的运营模式和与客户密切合作的理念，使得 BCG 需要频繁往返于世界各地，并因此产生差旅密集型碳足迹。在确保商业模式核心和员工价值主张的前提下，BCG 将积极创新，拥抱转型，力争到 2025 年使每位全职员工的差旅碳排放量相较 2018 年下降至少 30%。这一转变的序幕已经拉开：BCG 正用网络会议取代部分的现场会议，并开始采用低碳出行方式。BCG 利用疫情期间获得的宝贵经验，增加线上合作的机会并引入替代的客户服务模式。BCG 很高兴与客户和员工一起尝试新的服务交付方式和职业发展模式。

三是中和剩余的气候影响因素。2018 年以来，BCG 已经实现了碳中和。这意味着除了减少对气候的影响外，BCG 通过购买经独立认证的碳积分抵消剩余的碳排放量。碳积分主要是为一些重要的减排项目（比如减少森林砍伐）提供资金支持。此外，还用来资助少数基于自然规律的脱碳方案，例如，植树造林。

鉴于这一任务的复杂性，BCG 将通过三大举措逐步实现转变：

首先，短期内继续支持减排项目；其次，评估创建新脱碳项目所需要的时间和投入；最后，深入了解快速变化的市场，筛选出对环保作用最大的项目，并提供支持。

在2030年实现对气候的"净零"影响后，BCG将承诺移除更多的二氧化碳，超过我们自身的排放量，争取实现对气候变化的正向影响。

为实现这一承诺，BCG将加大在脱碳方面的投入。预计2025年，BCG支付的脱碳成本将达到每吨35美元，到2030年100%脱碳成本可能增至每吨80美元，远远高于目前自愿碳补偿市场上平均每吨3—6美元的价格。这笔巨大的投资将推动BCG与全球机构的紧密合作，开发和部署最先进的脱碳方法，这对实现《巴黎协定》的目标至关重要。

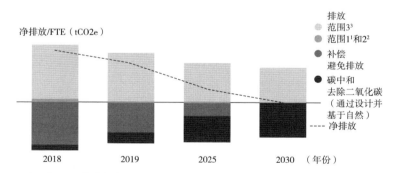

注：每FTE的路径表现为与目标一致，并且显示了从避免排放到减碳项目的逐步转变过程。1. 燃料消耗产生的直接排放。2. 发电和供暖产生的非直接排放。3. 价值链排放，具体指差旅对气候的影响，占我们总体碳足迹的80%。

图10.7　BCG"净零"之路

资料来源：BCG分析。

BCG将努力寻找切实可行、适宜推广的优质解决方案，并投资于最具前景的解决方案和有望产生最大影响力的机会。BCG的目标是支持那些更有效、更长久的新型固碳方法和技术。BCG在决策时将依据科学技术最新进展，并参考最佳实践指引，例如参考世界自然基金会的自愿碳积分市场指南。

企业必须努力内化碳排放成本。做出财务承诺并确保每吨成本公开透明是BCG树立清晰目标的方法之一。

四是学习和改进。通过与专家、非政府气候组织、客户、员工和其他关键利益相关方的持续互动，BCG将学习并适应不断变化的全球环境，并通过采用最有效的方法，尽量减少BCG的碳足迹。

第二，BCG同样认识到"净零"排放策略将随着科学共识和技术的不断发展而演变。通过一系列广泛的行动、投资和对气候项目的更多参与，BCG将遵循科学碳目标倡议（SBTi），继续发挥自身的引领作用，帮助世界应对气候危机。

除了持续改善自身的环境影响外，BCG还与客户并肩作战。借助BCG全球化的业务布局，以及覆盖多个重要领域的专业知识和业务专长，支持和帮助BCG的客户达成其"净零"的排放目标，实现其在应对气候危机领域的最大价值。

以矿业为例，BCG曾与一家领先的采矿企业合作开展项目，以助其更好地了解气候变化所带来的颠覆性影响，应对全球气候变化的挑战，思考其应对气候变化的抵御能力、自身在气候变化中可以发挥的作用，以及缓解气候变化的途径，并把握其中的机遇，积极推动可持续发展。①

BCG 与客户合作制定应对气候变化的战略举措，具体方法是定量评估业务组合对减排举措的抵御能力、明确战略议题，以及充分披露可持续发展相关内容及实现途径。

在 9 个月的时间里，BCG 与客户共同开展多项举措：梳理全球各国为应对气候变化可能采取的措施，及其对采矿行业的潜在影响；明确并解决颠覆性影响带来的主要战略问题，包括确定具体的机会领域；深入研究受气候行动严重影响的关键终端行业（例如，运输、钢铁、建筑和发电），并通过分析 2050 年前终端行业和主要国家的构成，制定多个减排情景；协助分析减排情景对中长期商品需求和价格前景的影响；明确有关气候行动的战略议题；详细梳理气候变化相关的风险和机遇的外部披露信息。

这帮助客户提升了在各种情景下气候变化对财务影响的管理透明度，为外部伙伴提供气候变化相关的有力披露信息，并为就气候变化相关的具体风险和机遇开展战略讨论奠定了基础。

为了加强对客户在气候变化方面的支持，BCG 在 2019 年成立了气候行动中心（Center for Climate Action），以期更好地帮助客户顺利实现低碳转型。此外，BCG 还承诺，在未来 10 年，将投入 4 亿美元，用于资助 BCG 的团队协助各国政府、非政府组织、行业、联盟等落实气候应对和环保等举措。

---

① *Disruption and Opportunities: Supporting a Mining Client on the Global Response to Climate Change*, BCG. https://www.bcg.com/capabilities/social-impact-sustainability/climate/supporting-mining-client-on-global-response-climate-change.

第三，除了支持客户和BCG自身的业务转型，BCG还致力于推动全球气候议程，实现全球净零目标。BCG与众多颇具创新力的一线组织建立了长期合作关系，希望在重要议题上发挥作用，以切实行动创造更美好的未来。

比如，BCG是世界经济论坛（WEF）应对气候变化活动的重要知识伙伴，目前正协助其开展"净零挑战"和"可行性任务平台"项目。BCG与WEF合作开展研究，评估2015年《巴黎协定》签署以来企业、政府和公民社会在净零排放方面取得的进展。作为当前"世界经济论坛气候领军CEO联盟"的首席顾问，BCG的首席执行官积极参与"商业圆桌会议气候工作组"，帮助指导全球增强抵御气候变化的能力，向低碳经济转型。

2012年以来，BCG还与世界自然基金会（WWF）合作了诸多项目，旨在阻止地球自然环境恶化，促进人类与自然和谐共生。此外，BCG还协助英国政府和联合国气候行动高级别倡导者筹备和组织拟于2021年在格拉斯哥召开的第26届联合国气候变化大会。BCG尤为关注非政府参与者在实现《巴黎协定》过程中发挥的作用，并将为取得积极成果而不懈努力。

与此同时，BCG也是TED"倒计时"项目的战略伙伴，这是一个把想法转化为行动的全球倡议，旨在支持和加快推动气候危机的解决方案。BCG还着手与非政府组织、商界领袖、行业组织和政府部门合作，共同规划航空产业的脱碳路线图。

对BCG而言，"净零"承诺是一个激动人心的行动。在与客户合作、帮助他们乃至整个世界加速推动净零未来的同时，BCG

也必须尽可能快速有效地减少自身对环境的影响。除了内部的改变，不同行业、企业和政府、专业服务机构之间必须通力合作，才有可能在应对气候问题上取得期待已久的进展。在这一过程中，BCG 将竭尽所能，积极贡献力量。

无论从人类命运抑或是经济健康发展的角度，可持续发展都势在必行，兼顾环境的社会发展将在创造更有利于公众生存生活环境的基础上，为社会创造诸多机遇。对于政府而言，着眼社会的长期维系与发展更是义不容辞的责任，短视的政府必然自食其果。只有平衡致远才可能可持续发展，在共同的可持续发展目标之下，政府可以携手企业，共同打造长期可持续发展、多方共赢的社会。

第六节　关注民生福祉，强化未来投资

民生与福祉是指提供体面的工作，有安全、尊严的工作环境，让员工有机会实现自我价值，为员工缴纳医疗保险和社会保险；提供包容和公平的优质教育机会，让全民终身享有学习机会；确保健康的生活方式，促进各年龄段人群的福祉。

民生与福祉关乎人们生活的安全、幸福和健康，是社会可持续发展的基本保障。政府可以通过对未来的投资，加强社会基础设施，完善就业、教育及公共卫生相关的保障机制，从社会民生和福祉的角度促进可持续性的发展。

在就业保障方面，提供灵活、弹性的就业模式与服务，完善职业辅导体系，强健失业保障机制。就业保障需从常态的就业服

务、敏态的失业救助与再就业引导三方面着手，形成对社会就业的全面、有力支持。

在就业服务方面，可引入专业机构，结合互联网招聘等新兴方式，创新就业服务的模式与内容，对新业务、新模式有所侧重，针对性地组织就业培训，以响应新环境下的社会就业需求。

德国实行的职业培训"双轨制"，包含企业内部技术培训与职业技术学校培训，提供能力测试、求职申请、面试培训和技能培训等。除此之外，德国还提供"培训券"，给予失业者自主选择培训机构的权利。

在失业救助方面，除了发放失业津贴之外，还可向重点地区与重点行业倾斜，以自雇人士为例，随着全球零工经济与数字劳工的兴起，自雇人士已逐渐成为就业大军中不可忽略的成员。在新冠肺炎疫情中，美国便首度涵盖了以往没有资格领取失业保障金的自由职业者，允许其申请特殊的疫情失业援助（Pandemic Unemployment Assistance）。

在再就业引导方面，首先须加强再就业信息的引导与传播，另外还可加强岗位提供，比如，短期开放临时性公共职位，或引导企业间就业机会交流。在新冠肺炎疫情中，新加坡创新性地设立了"就业保障联盟"（NTUC Job Security Council），连接 4 000 多家企业累计 50 多万名员工[1]，如果其中一些企业裁退员工，另一些企业便会"接收"这些员工，联盟则在其中负责收集新职位

---

[1] 就业保障联盟为将失业员工与逾 4 000 名雇主配对. 联合早报［N］, 2020-02-27.

以及即将被剔除职位的资料，为失业员工配对新工作、提供就业培训。

在教育保障方面，构建与时俱进、面向未来的教育体系，鼓励教育科技应用，实现教育普惠。

随着时代的更迭，教育的主题需要与时俱进。迪拜教育系统的更新就为自身发展带来了助力。1971年以前，迪拜的教育系统以传授宗教价值观为主，呼吁阿拉伯民族的觉醒与向《古兰经》的回归。而在1971—1984年，其教育系统更多地开始围绕新国家政府的建设，建立全民参与的、普惠的教育体系，开始草拟现代化的教育课程。再到1985—2010年国际化的进程，迪拜教育进一步关注学校间教育体系的多样化，2011年后迪拜的教育向品质教育转变，注重一流教育体系（First-rate Education System）的打造，意图为未来迪拜的发展锻造顶尖人才。[1]

教育的另一项关键是面向未来。我们应该教会后代什么样的技能？如何保障这些技能的习得？未来的公民需要掌握什么才能应对前所未有的各种变化，应对种种极端的不确定性？

BCG于2015年与世界经济论坛共撰报告《教育的新愿景——撬动科技的力量》[2]，将21世纪公民所需的核心技能归为三大类：基础性技能（个人如何运用核心技能完成日常任务）、综合性能力（个人如何应对复杂的挑战）以及个人特质（个人如何应对变化的

---

[1] 阿联酋的教育[J].阿拉伯世界，2005（1）.

[2] *New vision for education: Unlocking the potential of technology*, World Economic Forum.

环境）。

欲建立一套适应新时代的教育保障体系，需要公共部门牵头，多方参与，与教育从业者、教育科技供应商以及其他伙伴（如教育基金）共建。教育体系的建立包括设计与评估教育系统的标准、打造科学的教学环境、拥抱科技解决方案及提供教育资源支持等。

教育保障的基础在于教育的覆盖广度，通过纳入科技的手段，实现教育创新，可以有效加速教育的普惠性。在澳大利亚，约350万人居住在偏远的农村，约占总人口的14%[1]，政府一直致力于通过远程教育使偏远地区的学生也能享受同等的教育资源，从20世纪80年代起便通过电视实施远程教育，提供更稳定、价格更低廉的电信网络，并为所有学生配备联网电脑、设置邮箱，增加远程信息处理和视频会议的经费和技术支持等。

由于新冠肺炎疫情的暴发，公共卫生服务能力的建设成为全社会关注的焦点，在2016年公共卫生服务能力就已被列为"十三五"期间重点支持的领域，中国也基本建立了覆盖全民的公共卫生服务体系，但新冠肺炎疫情带来的冲击凸显出需要在公共卫生体系建设方面投入更多的力量。

第一，这种投入需要鼓励前端预防诊疗创新与公共健康投入。首先，建立医疗信息共享服务平台，通过电子化健康档案、检验报告等数据快速检测突发卫生事件。其次，推进互联网医疗，鼓励在线咨询、慢性病网上复诊、家庭医师服务，实现线上诊断、

---

[1] 澳大利亚农村人口占比，世界银行数据。

处方外配、在线支付和线下配送。医保电子凭证推广，支持符合资质的互联网医疗服务纳入医保支付。最后，降低医疗创新壁垒，明确创新类医药、医疗器械内涵定义，对创新类项目提供资金和审批简化等倾斜支持。

第二，完善公共医疗体系。首先，强化分级诊疗制度，将传染病分诊能力纳入分级诊疗体系，提升基层医院的传染病诊疗能力，通过医护资源轮岗、人才培训等方式建立基层医护快速识别、建议后续治疗方案的能力。加大基础医疗设施投入，完善平时、战时分级诊疗及转诊标准和流程。其次，完善应急医疗机制，定期演练应急机制，组织战时演练及物资调配。组建专家智囊团，包括临床、流行病学、医学、数据管理专家，提供决策支持。最后，推动远程医疗能力普及。由政府牵头，推动网上问诊、远程诊断、远程治疗等能力网建设。推进病患信息管理数字化，支持战时快速诊断、治疗。

在英国，非紧急病患均由全科医生进行初级诊疗决定后续治疗方案，进而由专科医生治疗，或医院收治。对于各类病种也都有规范的临床路径，推进转诊的标准化。

第三，提升城市应急卫生服务配套标准。建议将应急标准作为城市设计和建造多用途标准之一，形成常态化机制。将多用途"战时"隔离设施纳入城市规划应急相关内容，制定酒店、体育馆等可被征用的民用设施清单，用于特殊时期安置、隔离大量人群。

第四，优化医疗卫生资源投入结构。评估加大公共卫生与预防医疗资源投入，建立流行病疫苗研发、临床测试常规机制与绿色流程，联合业界，储备大规模生产设施。

第五，重视人才培养，提升基础待遇。推进公共卫生专业人才"量""质"双升。提升大专院校公共卫生专业设立比例，鼓励重点大学设公共卫生学院；优化培养应急及交叉学科能力，促进与国外公共卫生学院、研究机构的合作；对标同级别医疗卫生机构，提升基础待遇；增加公共卫生消费投资，政府增加编制补贴或鼓励民办医院、检查中心，提升疾控、医护人员对居民比例。

以上我们从普惠兼容、合规治理、道德规范、经济活力、环境可持续性与民生福祉六个层面强调了可持续性发展的重要性与迫切性。但对于众多社会、政府与企业而言，可持续性发展面临的一大挑战，在于它的影响更强大而更隐性，当负面影响尚未出现时，可持续性发展的投入常常不被重视。

正如《流浪地球》的开场白所说，"最初，没有人在意这场灾难，这不过是一场山火，一次旱灾，一个物种的灭绝，一座城市的消失，直到这场灾难和每个人息息相关"。我们需要明确的是，可持续性将是我们全人类在2020年面对的社会、环境变化的新现实。可持续性的长远发展是一个宏大的命题，它不仅关乎产业升级、创新与经济发展，更关乎人民的身体健康、生活质量和广大福祉。

为实现可持续发展，要求多方长期投入的一致努力，要求转变发展意识、制定科学目标、监管激励双管齐下，以及关注多方利益。可持续能力在更长的时间线里将应对不确定性的能力植根于社会并长期延续。

通过对平衡致远能力的阐述，我们认为建设社会/政府韧性、城市韧性、企业/组织韧性、个人韧性在平衡致远方面应该做到：

（1）社会/政府韧性

第一，引导社会整体发展模式的转变，强化平衡发展模式的理念。例如，可对发展循环经济予以政策扶持。如财政补贴、税收优惠等；大力发展绿色消费市场，推动静脉产业[①]发展，发展生态工业、循环经济产业园；政策支持循环经济技术体系的形成，包括污染治理技术、废物回收利用技术和清洁生产技术等。

除此之外，还需要重视公民教育。将循环经济的生活理念贯穿于幼儿教育、基础教育和日常家庭教育中，设计亲民化的公益广告和公共宣传，引导市民正确购物和消费，减少垃圾量，鼓励废旧物品二次利用；采取有偿奖励、激励或者竞赛方式，提升市民回收有用物品的积极性。

第二，构建普惠的社会民生体系，坚持包容性发展。在民生领域，要完善就业及技能培训、教育、医疗体系建设，加强就业培训，为失业居民提供再就业辅导，通过将技能与就业需求匹配来促进就业，并培养具有竞争力的优质劳动力为经济稳定提供支持。持续在减贫、缩小贫富差距以及促进社会融合等方面倾注资源，坚持包容性发展。

---

① 指垃圾回收和资源化再利用的产业。

（2）城市韧性

第一，优化传统生产方式，发展城市生态友好型产业。针对城市产业中重污染、高能耗的产业，如钢铁、建材等，应通过传统生产环节改造，实现绿色经营和可持续发展。同时发展生态友好型产业，提高绿色食品饮料、绿色建筑材料、绿色包装的市场规模和占比，提高清洁能源消耗占整体能源消耗的比重。

第二，保护城市自然资源，降低环境破坏造成的相关风险。防治空气污染，降低市民因暴露在污染物中而产生的健康风险。增加湿地和绿地等可作为洪水缓冲区的建设，有效减轻洪水的影响，有自然湿地的城市需防止城市发展过程中对湿地造成的人为破坏，需系统规划并增加城市绿地面积。

第三，致力普惠民生，城乡协调发展，提升城市包容性和凝聚力。首先，确保城市与周边乡村的一体化发展，在基础设施上满足居民基本需求。其次，加大城乡各类教育和医疗服务的可获得性，以提升城市与周边乡村市民的综合健康水平和生活质量。最后，还应为脆弱群体提供更多保障，危机下贫困社区和群体受到的冲击更大，需要城市在基本物资保障、生活保障以及心理保健等方面提供支持。

（3）企业/组织韧性

第一，建设生态友好型企业，减少生产运营过程及产品、服务对生态环境的影响。减少生产运营过程中产生的资源浪费和环境污染，降低水、电等能源消耗量，提高能源利用率，废气废料的排放需达到国家标准。优化产品结构，降低高能耗产品在产品组合中的比重，研发生态友好型产品，降低产品服务在使用过程中及废弃阶段对生物多样性、气候变化可能造成的影响。

第二，承担社会责任，降低生产运营过程对当地社区的影响，提升当地福祉。在海外少数群体聚居地发展时，若涉及大规模人口搬迁，须经过正式的多方协商，充分考虑当地社群利益和意愿；提高雇用当地劳工比例，拉动当地就业；在欠发达地区，将部分盈利用于经济和社会基础设施建设。

（4）个人韧性

第一，高韧性的个体应以长远的核心利益为重，从自身做起，提升环保和与自然共存的意识，关注并推动可持续发展的变革。高韧性的个体需要具备整体和长远的意识，从整体、多维度以及更宏大的视角思考问题，看全局、重长远，不以自我为中心，坚持从社会整体的影响出发，改变自身的行为，同时影响他人推动社会的可持续发展。

第二，高韧性的领导者应从多个时间维度上思考并部署战略，考虑眼前目标、短期目标、中期目标和长期目标。确保领导团队向前看并时刻准备，以思考和应对下一波不确定性情况。

第11章
中国的韧性

在前面八个章节的阐述中，我们围绕"危机识别""快速反应""抗压恢复""变化创新"和"布局未来"这五大阶段，详细论述了"提前预警""敏捷响应""指挥协作""动员沟通""分散缓冲""多元包容""融合创新"以及平衡致远八种能力，并通过二十一条行动方案，从实操角度入手，为社会/政府、城市、企业和个人提供了具体的方法论。

在每一个案例之中，我们都能看到社会/政府、城市、企业某个领域的成功与失败。让我们将这八种能力与中国的韧性相对应展开评估，从社会/政府、城市、企业等方面来评价中国的韧性并提供建议。

第一节　社会韧性：应对危机的关键[①]

21世纪越发频繁的全球性传染病就像一场全球范围的独立社

---

① BCG：崛起中的超级城市群——愿景、挑战与应对举措。

会实验，一次又一次地考验着社会的韧性，包括决策机构的危机应对效率、各级机关在非常时期的自适应能力、公共服务体系的常态就绪度等。从 2003 年 SARS，到 2009 年甲型 H1N1 流感，再到 2020 年新冠肺炎，中国社会应对危机的韧性也在不断磨砺升级。复盘此次新冠肺炎疫情的应对，我们发现，得益于 SARS 等传染病的历史防控经验，中国社会在此次新冠肺炎疫情的应对中表现突出。

案例 38　从新冠肺炎疫情应对评估中国社会的韧性 [①]

从 2019 年底暴发的新冠肺炎疫情已经成为"人类命运共同体"需共同面对的危机。疫情最早在中国武汉暴发，并逐渐蔓延至全国，但中国已于 2020 年 3 月逐渐进入全面恢复状态，迎来了全新的后疫情时代。到 2020 年第三季度，中国的 GDP 增速已回正，前三季度同比增长 0.7%。[②] 根据世界银行与国际货币基金组织预测，到 2021 年底，中国 GDP 有望恢复到 2019 年底的 107%—112%，超过美国的 97%—100%、欧洲的 96%—99% 以及日本的 95%—98%。

在这场抗疫战争中，中国的努力和表现被联合国、世界卫生组织等国际组织赞赏和支持。但与此同时，此次疫情也暴露出了中国在危机应对中的一些短板，可作为未来关注的重点。

---

① BCG：积极应对全球危机，打造高韧性社会体系。
② 国家统计局发布三季度宏观经济数据，前三季度 GDP 增长 0.7%，多项指标由负转正，经济复苏领先全球. 经济日报［N］，2020-10-20.

第11章 中国的韧性

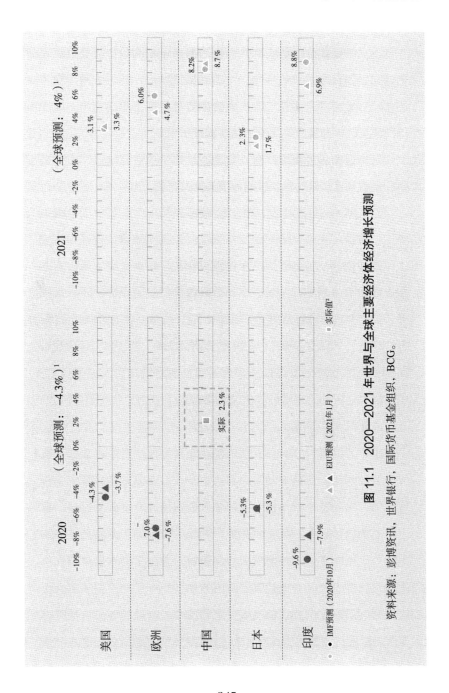

图11.1 2020—2021年世界与全球主要经济体经济增长预测

资料来源：彭博资讯，世界银行，国际货币基金组织，BCG。

我们根据高韧性社会的八种能力衡量了中国的应对表现。我们认为，在此次抗疫过程中，中国在敏捷响应、动员沟通、指挥协作、分散缓冲、多元包容、融合创新等维度上表现突出，而在提前预警、平衡致远等维度上需要进一步提升。

从表现突出的维度来看，中国在抗疫中的敏捷响应、指挥协作、动员沟通、融合创新等能力是有目共睹的。

无论是7天分离病毒、10天公布基因序列，还是12天建成火神山、雷神山医院，36小时完成3个方舱医院改建，无一不体现了中国的快速反应能力。日本白鸥大学教授兼病毒学家冈田晴惠在电视节目中表示，中国"在一个月内确定病毒原因，随后报告和公开序列是非常迅速的……能够在有27位感染者的时候就发现、定性病毒，非常了不起"。在协作与动员方面，得益于高组织力、高动员力的政府以及集体主义为先的公民意识这两大先天优势，中国能在短时间内动员社会经济的多领域、多主体共同投入抗疫，众志成城，共同应对。

此外，中国的数字化生态系统在此次疫情应对中也发挥了至关重要的作用。通过调动财力、人力、技术资源及生态系统的合作伙伴，中国领先的科技企业以惊人的速度建立全新的平台、推出新的功能和服务，以应对疫情。例如，"健康码"从杭州一城落地推广至全国百城，各地仅需凭码通行，避免了民众反复填表的烦琐，提升了社区管理效率；腾讯启动了一个医疗平台和四个次级平台，用于提供有关疫情的信息和筛查；百度的智能自动呼叫平台自动拨打了超过300万次电话，要求人们提供旅行记录及其他信息，并处理了1 500万次有关疫情的问询等。①

在分散缓冲方面，在此次新冠肺炎疫情应对中，中国特别注重医护人员的防护隔离，避免医护人员的感染。在后期国际疫情大暴发时，中国践行严格追踪和隔离归国人员，有效地阻隔了风险传递。另外，由于疫情的冲击，国际和国内经济活动双向受阻，各国供应链均受到不同程度的冲击。中国的供应链韧性在国际上属于中等偏上，截至第二季度，中国的工业产值与全球贸易额同比2019年分别增长5%与3%；②相比之下，意大利分别下降了14%和29%，印度下降了17%和47%，德国下降了10%和23%。③政府应摸底和评估重点企业与产业集群的供应链安全，制定供应链后备替代方案，强化供应链韧性，并主动研判供应链变动趋势，推进产能布局调整或供应链整合。

当然，中国社会也需要从疫情应对的不足中吸取教训，作为下一阶段关注和采取措施的重点方向。

在提前预警方面，现有的应急预案机制缺乏实操性，预案细节规范不足，尤其面对新疫情，缺乏操作、防控流程指导，相关部门的权责利亟待界定。此外，此前建立的直报系统并未充分发挥出预警效用，传统层层报送、逐级审批方式导致决策效率难以

---

① BCG：抗击新冠，中国数字化生态系统当记一功。
② 根据中国国家统计局统计数字。
③ 全球贸易额数据：WTO；印度工业产值数据：Ministry of Statistics and Programme Implementation（MOSPI），India；意大利工业产值数据：National Institute of Statistics（ISTAT），Italy；德国工业产值数据：Federal Statistical Office, Germany。

应对疫情的快速发展。

　　政府应着力打造敏捷力生态，针对应急资源与能力平时闲余、"战"时不足的痛点，在科研、基础供应等领域搭建平台引入国企、外企、私企、公益机构等合作伙伴，签署应急响应合作机制，打造应急开放合作生态圈。此外，需要优化响应机制，定期更新预警机制及流程，明确响应部门、联系方式、响应时间，充分考虑时间、地区、人流、交通等因素。厘清疾控中心、卫健委与各地政府职责，形成专家管理体系。

　　在平衡致远方面，公共卫生体系"重治疗轻预防"，长期资源投入不足，专业人才匮乏且待遇欠佳，基层医疗机构设施、人才缺口仍然较大。另外，线上教育模式带来学生自控力差、家长疲于兼顾在线办公和孩子辅导等困境，难以常态化。因此，应当鼓励前端预防诊疗创新和公共健康投入，持续完善公共医疗体系，例如，将传染病分诊能力纳入分级诊疗体系，并提升城市应急卫生服务配套标准，形成常态化机制。在远程教育方面，呼吁社会协力，鼓励以数字化手段与社区力量共同协助远程教学，使教育新模式平稳落地。

　　对于社会而言，最重要的韧性能力便是提前预警、指挥协作、动员沟通以及平衡致远。从中国社会对抗新冠肺炎疫情的经验来看，中国在提前预警、平衡致远方面的不足确实为疫情防控带来了一定的困难和局限，但凭借着突出的指挥协作与动员沟通能力，中国成功地抵抗住了新冠肺炎疫情的挑战。

　　纵观国际经验，我们发现，在指挥协作与动员沟通方面突出的国家都成功抗击了病毒,中国、韩国、新加坡、日本的抗疫模式均为其他国家树立了优秀的典范。而在协作、沟通方面有所欠缺的国家,例如美国、巴西,从疫情控制的角度来看还有待提升。不难看出,指挥协作与动员沟通这两大能力能够帮助社会在快速反应阶段迅速制胜,是决定其是否能够决胜危机的关键。

从这项对比中我们也能发现,在社会韧性的四个关键能力中,提前预警和平衡致远相对不那么紧急,对于社会更从容地应对危机以及危机后的恢复却十分重要。实际上,除了中国之外,新加坡、韩国、日本、新西兰这些面对危机有较强韧性的国家同样在提前预警和平衡致远方面领先别国。

第二节 城市韧性:高质量发展的前提

从村落、市集与市镇到现代城市与工业城市,以物易物的需求带动了商业、产业的产生与发展,城市逐步成为资源的中心。[①] 而城市在漫长的发展进程中也经历了一系列的挑战,诸如产业发展的瓶颈、社群间的日趋隔离、城市治理的失衡等。随着20世纪末超大城市与超级城市群的崛起,城市发展的种种不确定性被进一步放大,大城市的极化和虹吸效应吸引了周边城市的资源,造

---

① [美]爱德华·格莱泽. 城市的胜利[M]. 刘润泉, 译. 上海: 上海社会科学院出版社, 2012.

成了产业、社会等多方面发展的不畅。

BCG将城市韧性切分为经济、社会、环境及治理四个维度。[①]经济韧性指城市产业具有多样性，经济具有增长活力，能为创新提供土壤。社会韧性指城市具有包容性和凝聚力，市民社区网络活跃，邻里和睦，市民享有健康生活，可以获得就业、教育、服务和技能培训。环境韧性指城市生态多样健全，基础设施可以满足基本需求，自然资源充足，土地规划合理。治理韧性指城市设有明确的统筹机构与管理机制，能够采取统一的战略举措引领整座城市的协调发展，同时城市治理面向公众开放、透明，鼓励公众参与。

接下来我们将就这四个维度展开对中国城市韧性的评估。

（一）经济

经济社会发展推动人口持续向城市聚集。国际经验表明，城镇化发展通常会经历从独立城市向城市圈演进，最终形成主辅联动的多中心系统的发展过程。当前，多数发展中国家的特大城市、超大城市尚处于独立发展或圈层外溢阶段。中国的城市发展正处在协同发展的过程中，但远未达到理想水平。城市间经济、产业发展开始出现失衡，大型城市与小型城市之间、城市与农村之间都出现了落差，主要大都市之间的极化和虹吸效应明显，新城和

---

① 参考了OECD关于韧性城市的框架，OECD: *Indicators for Resilient Cities*, 2018。

旧城发展也存在矛盾。资源的虹吸不利于城市之间发展出要素自由流动的分工协同,对形成良好、合理的产业生态形成了挑战。

核心城市依托交通网络可便利地获取沿线资源,而自身产业基础和禀赋环境较差的城区则往往成为虹吸效应的受害者。轨道交通的建设——排除征地、融资等方面常遇到的困难——往往受到欢迎,但事实上轨道交通沿线区域的受益程度存在显著差别。

以中国武广高铁为例,2009年建成通车以来,线路终端的两大核心城市保持了高速发展,但沿线城市则呈现"损益互见"的格局,具有良好产业基础或要素禀赋的城市收益显著,而自身发展势能不足的区域则出现了要素加速外流的状况。超大城市发展的过程往往是资源要素极化聚集的过程,北京的发展就是一个生动的例子。

除此之外,我们可以看到推行了一系列用以改善产业失衡问题的举措,成功模式开始涌现。

例如,许多城市以及区域被提升到了特区、自贸区的战略高度,以特区形式先行先试、以点带面,辐射、引领区域乃至国家的发展。20世纪80年代,深圳经济特区通过开放港口,发展来料加工贸易、合资经营租赁,以货物贸易开放促发展。从20世纪90年代起,上海浦东新区的设立标志着从货物贸易转向金融/资本开放,对长三角区域形成辐射作用。党的十九大以来,雄安新区、海南自贸港等在城市治理、公共服务、金融开放领域进行了新一轮创新试点。其中,深圳是中国第一个经济特区,也是最成功的经济特区之一。凭借着一系列创新激励和孵化举措,如今的深圳已有超过一万家创业公司，100多个孵化器，200多个众创空间，是全国"专利申请之都"，①申请量占到全国的一半，在粤港澳城市群中发挥着信息科技产业创新引擎的重要作用。

又如，国家明确了一批国家级中心城市，引领城市群快速发展，推动区域板块之间的融合互动发展。在上海的牵引下，长三角城市群的发展正在由产业链延伸的协同方式向城市群内多边要素自由流动、分工协同的模式升级，苏州、杭州、盐城等城市都成为长三角生物医药产业集群中的重要节点。通过产学研一体与产业生态互补，通盘考虑城市群中各成员区域的发展，共同推进长三角三省一市产业的高质量发展。

（二）社会

中国城市在发展过程中也出现了各种社会层面失衡的问题。首先是机会失衡。这背后原因之一是劳动人口快速增长与城市中有限的工作机会之间的矛盾。随着新兴科技的发展和生产方式的快速变化，基础劳动力在全要素生产率中的贡献率进一步降低，城市对低技能就业机会的供给能力也受到挑战，叠加资本和技术的马太效应共同作用，导致发展失衡。

此外，中国城市在发展过程中也出现了资源失衡的问题。随着城市人口快速增长，城市规模不断扩大，对交通、教育、医疗

---

① *Shenzhen Aims to Be Global Technology Hub,* China Daily.

等公共服务的需求不断提高，加速暴露了这些领域的不足。在京津冀城市群中，北京市人口占比不足 1/5，但近一半三甲医院都位于北京；在粤港澳大湾区，除去分校，100% 的"985"或"211"院校都位于广州。由于形成速度更快、人口规模更大、空间尺度更广，新兴超大城市将面临更为严峻的考验。

应对这些问题，领先城市已经采取建立人才社区、复合功能的公共空间等一系列举措，试图打破人群间的区隔，打造服务更优质、更均衡的城市。社区和公共空间是人群生活的重要综合性载体之一。发展优质的功能复合型社区可以提供超出个人的居住服务，从空间、知识、社交等方面打破人群的区隔，从而实现社会资源更好的平衡，以及公共利益的最大化。

以发展环境优化的人才社区为例，不仅可以打破社交隔离，通过营造混合用途、多元开放的公开活动和生活场景，促进人才社区与外部社区的联系，避免阶层的板结，同时也通过社区内的公益项目、开放展览、数字化基础设施应用等促进城市更新，推广创新发展，提升广大市民的生活品质。与世界顶尖城市相比，虽然北京经济发展成绩斐然，但对国际人才的整体吸引和留存力还比较弱。其中的关键因素之一便是缺乏对人才准入、宜居和认同感等方面的支持。因此，北京市人才工作领导小组于 2016 年在全国率先提出首都国际人才社区建设理念。新首钢国际人才社区核心区项目是首批试点项目之一。

打造人才社区、复合功能公共空间的第一点是明确社区的城市定位和功能：如何秉持"多元包容"的社会发展能力；如何通过复合型公共空间的建设，打破人群间的区隔，鼓励社区交互；如何促进信息和要素的流动，平衡城市整体的资源分布。

以新首钢为例，该项目着眼于强化北京首都核心功能，推动京津冀协同发展；立足企业功能定位和资源优势，吸引国际顶尖人才；以服务体育文化产业发展和产业技术创新为特色，以政策集成创新为动力，发挥人才作为支撑和引领发展的核心带动作用。该项目通过建设复合功能的国际人才社区，为北京创新创业和城市和谐宜居提供有力支撑。

复合功能空间建设的第二点便是了解并满足社区人群的综合性需求，并从如何打破知识和社交隔离等维度着重进行考虑，通过互联网资源的扁平化优势打造开放多元、具有活力的生活和社交空间，设计和建设相适宜的社区功能，提供相匹配的社会资源。在新首钢项目中，其社区针对的目标人群为国际顶尖的人才。因此，识别社区标签人群的核心关注点，详细分析其痛点和诉求，包括个性以及共性的需求，将为社区构建、资源匹配提供重要输入。

基于社区人群的综合性需求和特点，秉承打破空间、知识、社交隔离的社会建设目的，明确社区和复合公共空间建设的重点任务，如加强社区间的物理联系，通过空间改造等方式加强社区和群组与外界的融合，辅以政策引导和资金支持，增加群体的学习参与度，促进公共服务，尤其是关注多元化的社会融合与交流。

在新首钢项目中，主要任务包含打造创新创业载体、建设产城融合宜居便利的载体、构建配套完善的基础设施、搭建新首钢人才服务平台、落实人才集成创新政策等工作，积极搭建高端国际人才引进平台，加快完善基础设施和公共服务配套，提供产城融合、功能齐备、配套完善的产业承载空间等。①

（三）环境

"大城市病"的存在由来已久。随着城市规模的扩大，对能源、电力和水资源的消耗不断提高，环境污染也日趋严重。尽管进行了重点治理，京津冀、长三角、珠三角等大城市群的PM2.5浓度有所下降，但是仍有大量城市的PM2.5浓度不降反升（如辽宁省14个城市和山西、陕西的绝大部分城市）。2019年，全国空气质量达标城市占比不足50%，全国更大范围城市群的PM2.5平均浓度水平仍待大幅改善。同时，臭氧污染问题日益突出，2019年全国臭氧平均浓度同比增长6.5%，珠三角、长三角、京津冀等大城市群的涨幅更为显著，且年均浓度均超标。②

不过，循环经济模式、数字化监测、强化行政管控等手段也已经开始被应用到绿色生态与环境发展中来，且已显露成效。

循环经济旨在通过对生产和消费过程的全周期追踪和管理实现节能减排和资源的重复利用。循环经济是一项系统性工程，涉及利益方众多，依赖供应体系、生产工艺、排放标准、市政服务、

---

① 新首钢国际人才社区核心区项目.首钢日报［N］，2019-11-18.
② 亚洲清洁空气中心：《2020大气中国：中国大气污染防治进程》。

居民行为等诸多方面的共同作用。随着数字化技术的不断成熟，对能源利用和废物排放的监控难度将显著下降。

以水资源治理为例，为应对中国城市面临的水资源管理危机，从2015年起，"海绵城市"开始在第一批16个城市进行试点。海绵城市旨在帮助城市增强应对雨水带来的自然灾害的韧性。通过池塘、绿地、可渗透路面以及雨水收集系统等城市"海绵体"收集、净化、回用雨水。目前，该计划第二批已扩展到30个城市，旨在吸收约70%的雨水，有效提高城市排水系统标准，缓减城市内涝压力。

不过随着"绿水青山就是金山银山"的观念日益深入人心，民众环境保护意识的不断强化，中国在环境保护上的投入也在不断扩大。

案例39 生态引领，品质发展
—— 冬奥会为延庆带来绿色发展机遇

2022年冬奥会将在北京市延庆区这个三面环山的京畿涵养生态城举办。然而在其成功申办之初的2015年，延庆的实际生态水平还远未达到冬奥会标准。在空气质量、水资源以及森林系统三方面与世界一流水平均存在较大差距。

在空气质量方面，与韩国、加拿大、挪威、法国等举办过冬奥会的地方相比，延庆的PM2.5浓度[1]几乎是前者的2倍，高达60μg/m³。在水资源方面，延庆的水资源分布也不均，地下水存在超采现象，并且由于污水处理能力不足，城镇生活污水严重影响了妫河下游及官厅水库的水质。在森林资源方面，延庆的林木资源以粗放植树为主，尚未形成系统性的植被景观。

为达到世界一流生态水平，以更好的姿态迎接2022年冬奥会，延庆进行了三方面的努力。

首先，延庆一改以往缺乏统筹规划的局面，确定了生态涵养区，划定生态保护红线，进行重点规划。生态涵养区内对排放、能耗和生物多样性进行严格要求，构建起生态屏障。将重点的自然山川、自然水体和湿地纳入生态红线保护范围内，制定了28项[2]具有约束性的生态建设指标。

其次，延庆针对空气、水、森林资源方面的现有短板，对标世界一流水平进行针对性改善。为提升空气质量，延庆大力提倡新能源汽车的使用并提供补贴，在农村地区，鼓励减少使用燃煤、麦秆，增加天然气等清洁能源的使用。为提升城市污水处理能力，城西的再生水厂采用新工艺，将污水处理率提至92%[3]，并做到全

---

[1] 2016年延庆PM2.5高达60μg/m³，韩国、加拿大、挪威、法国的年均浓度均低于30μg/m³。
[2] 北京延庆划生态红线护山林河水，http://www.huaxia.com/ly/lyzx/2014/01/3714885.html。
[3] 以治促管，多措并举，延庆全力打好"碧水保卫战"，https://new.qq.com/rain/a/20201009A0FQHM00。

部污水的无害化处理。以"河长制"形式开展"清河"行动，确保责任到人。延庆以往存在林木积蓄量低的问题。针对这个短板，一方面通过加强森林保育、优化林木品种等措施提升林木资源质量；另一方面在城市内围绕妫河、湿地，打造可亲近的城市绿色空间，努力实现"城绿一体"。

最后，延庆对各级单位的考核也与生态环保进一步挂钩。改革前，体现生态环保、资源节约的指标占比仅35%；改革后，相关指标的占比翻了近一番，达67%[①]。

目前，各项举措已在森林资源保护方面率先取得了成效。2017—2019年，延庆3年内新增造林32 000平方千米、改造提升林地38 000平方千米、营林36.5万平方千米[②]。截至2020年10月，森林覆盖率达到60%，林木绿化率为72%，人均公园绿地面积46平方米，是北京市平均水平的2.8倍、全国平均水平的3.3倍[③]。"让森林走进城市，让城市拥抱森林"正在延庆逐步得到生动诠释。

（四）治理维度

在城市治理方面，中国城市的治理效率还有待提升，城市公

---

① 《关于推动生态涵养区生态保护和绿色发展的实施意见》，2018年11月。
② 发挥生态本底，尽全力将延庆创建成全国文明城区，https://bj.leju.com/news/2020-10-22/14336724930669660910163.shtml。
③ 北京延庆投入逾50亿元打造城市森林生态系统［OL］.http://www.xinhuanet.com/fortune/2019-11/19/c_1125250067.htm。

众对于治理的满意度、参与度均不高。根据《公共服务蓝皮书：中国城市基本公共服务力评价》结果显示，2011年以来，中国城市的政府基本公共服务评价满意度得分总体呈上升趋势，但总体得分仍然偏低。总体得分从2011年的54.03分提高到2019年的63.61分，[①] 在10年内的提升幅度不足20%。这意味着尽管政府近些年在公共服务上投入了大量人力、物力和财力，但投入的增长并没有带来满意度的大幅改善。究其原因，公共服务领域的有效供给不足、质量不高为主要原因，这也直接暴露出中国城市治理存在效率不高、城市治理的现代化手段应用不足、市民参与有限等问题。

中国的各大城市正经历着重大且深刻的经济社会变革，公众的需求日益多元化，从物质向精神和服务发生转变，这对中国的城市治理提出了现代化、精细化等新的要求和挑战。现代化、精细化、创新形式的城市管理涉及的范围广、难度大，比如当前中国大型城市中，人口流动频繁，几百万人的外来人口，如何才能有效地纳入城市治理的范畴？创新的城市治理模式需要大量借助科技的手段，创新科技的创造主体是市场，而城市治理的主体则是政府，在创新城市治理过程中，政府和市场如何有效配合？再如当前的中国城乡一体化以及区域协同发展进程，如何对发展基础不同的区域应用统一框架却有针对性地采取精细化治理手段，

---

① 中国社会科学院公共服务蓝皮书课题组发布2019年主要城市公共服务满意度排行榜. 经济日报 [N], 2020-06-16.

同时协调大城市、大区域治理空间内各类利益群体之间的关系？如何扩大城市治理创新中市民参与的渠道，通过市民参与城市的发展而广泛地推广现代化城市治理的应用，提升公众对于城市治理的满意度？

为解决这些挑战，数字化手段被越来越多地应用于城市治理，从而提升治理效率，满足公民需求。智慧城市早已不是新鲜的概念：可靠的能源保障、便捷的交通出行、良好的生态环境、充足的公共服务、舒适的建筑空间、智慧科技的发展为城市生活品质的提升提供了丰富的解决方案。

在治理方面，除了应用数字化手段之外，部分城市也开始建立公众高度参与、高度互动的治理机制。

从上述经济、社会、环境和治理四个部分，我们看到了中国城市面临的问题以及各地在解决这些问题上所付出的巨大努力。根据 BCG 提出的八种能力及二十一条行动方案，我们对建设中国的城市韧性提出以下建议：

第一，在经济维度方面，要秉持"协同发展"与"多元包容"的能力，注重城市间的协同发展，打造多层次、优结构的产业生态与格局。

一是城市群协同发展方面，需要通过组织协同、空间协同与数据协同加强城市间资源的配置和应用，保障经济资源最大化，促进产业协调发展。在组织协同方面，通过建立跨区域、跨层级的行政组织，协调各利益相关方发展诉求，本着城市群整体利益最大化的原则进行统一的发展规划和资源统筹，加强区域合作，推动协同分工，实现城市群的共同繁荣。在空间协同方面，注重交通基础设施、土地利用规划与城市职能分工、经济资源分配的对应关系。宏观上划分城市功能区域，设定发展原则；微观上按照细分片区自身特点，实施差异性规划。在数据协同方面，城市间需建立具有兼容性的数据采集、分析、应用平台，同时利用开放式 API（应用程序编程接口）推动数据共享，在保障数据安全基础上最大限度地实现数据公开，鼓励城市群各城市间最佳实践共享，避免不必要的重复投入。

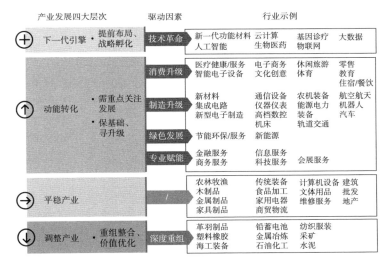

注：传统装备包括石油装备、矿山装备、冶金装备及工程装备。

图 11.2　产业发展新格局

资料来源：BCG 分析。

二是多元包容方面，注重将产业分层，指导其发挥不同的功用，形成综合的产业发展新格局。例如，识别产能过剩的传统产业进行深度重组，价值优化；在技术革命驱动下加速布局人工智能、云计算等下一代引擎产业，进行战略孵化；根据消费升级、制造升级、绿色发展和专业化发展的趋势重点发展相关产业，发挥这些产业对经济的促进作用；保持其余农业、建筑、制造业等城市经济的基石产业的平稳发展。

第二，在社会维度方面，要秉持"多元包容"能力，坚持包容性增长，打破人群间的隔离，鼓励社交互动，并以知识和技能赋能城市中的低技能群体/弱势群体，促进信息的交流和要素的流动，促进相互理解。

一是打破空间隔离。加强社区间的物理联系，通过公开活动、公益项目、开放展览、局部改造等多种方式加强弱势社区和族群与外界的融合。

二是打破知识隔离。充分发挥互联网资源的扁平化优势，普及数字基础设施和教学平台并辅以政策引导和资金支持，增强弱势群体的学习参与度。

三是打破社交隔离。营造混合用途、开放多元、具有活力的公共空间和生活场景。尤其是在教育领域，关注多元融合与交流，培养同理心，消除刻板印象，避免阶层板结，形成更为开放包容的社会风气。

第三，在环境维度方面，要秉持"平衡致远"能力，从可持续的商业模式设计和公众"长远"认知的建立两方面着手，坚持发展循环型经济，兼顾经济与环境发展。

一是注重可持续的商业模式设计。围绕生产、消费和居民生活的各个环节以及相关的子环境系统，一方面设计资源利用的闭环，另一方面确保整个系统——从独立环节或完整闭环来看——存在经得起市场验证的可持续商业模式。

二是注重社会公众"长远"认知的建立。缺乏消费端的参与，循环经济闭环就会出现断裂。需要通过多层级的努力，将资源循环利用的理念和方法内化到市民文化中。在国家和区域层面以顶层战略的形式将循环经济作为未来城市群发展的基本路线，借助立法形式将循环理念落实到生产、生活当中。以财政政策、产业政策鼓励绿色经济发展，并加强公民教育，培育"长远"认知。

第四，在治理维度方面，要秉持"融合创新""多元包容"能力，积极运用创新技术提供解决方案，并建立灵活的公众参与机制，鼓励公众参与。

一是运用创新技术需要系统性的方案设计与评估机制。将创新技术运用于智慧城市的过程中，需要进行系统性的方案设计和测试，通过环境建模、方案设计、情景模拟和分析测算来实施。此外，需要制定科学的框架，对应用科技潜在影响进行预测评估，预测潜在的影响，并遴选优先技术。

二是建立公众参与机制，欢迎社会各方参与共治。邀请学术机构、各类企业以及居民，以委员会/理事会制度定期就社区环境、营商环境、城市人文等议题共商共议，出谋划策，参与决策表决。

第三节　企业韧性：全球化时代的破局

2013年9月和10月，在访问哈萨克斯坦和印度尼西亚时，习近平主席提出了共建丝绸之路经济带和21世纪海上丝绸之路倡议。"一带一路"倡议成为中国下一阶段着重发展的重要经济外交政策，并逐步发展成为一个由中国引领的、多元开放的经济合作框架与平台。

借由这一平台，许多中国企业有了更多"走出去"的机会，直面全球化。然而在新的全球化"战场"之上，中国企业面临的高度不确定性迅速增加，这就要求涉身其中的企业必须建立起自身韧性。

"一带一路"倡议涵盖超过166个国家/地区和国际组织，[①]分为东北亚、东南亚、中亚、南亚、中东欧和西亚北非六大区域。截至2020年第一季度，直接投资和承接项目总额超过4万亿美元，[②]并已形成六大经济走廊：中蒙俄经济走廊、新亚欧大陆经济走廊、中国—中亚—西亚经济走廊、孟—中—印—缅经济走廊、中—巴经济走廊和中国—中南半岛经济走廊，并以形成"六廊六路多国多港"的大格局。

[①] 《"一带一路"倡议六年成绩单》，中国一带一路网，2019年9月。
[②] 路孚特：《BRI CONNECT："一带一路"倡议背后的数字》。

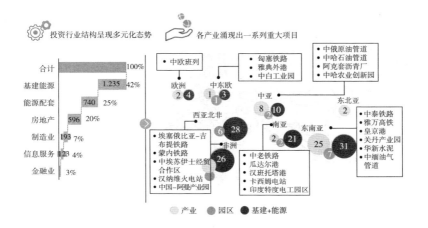

图 11.3 "一带一路"倡议下的投资结构与重大项目

"一带一路"倡议提出初期,针对沿线国家和地区基础设施差、产业状况落后、生产力不足等问题,中国在"一带一路"框架下有针对性地进行投资与项目承建,落地项目以基建、能源为主。目前已有一系列重大项目取得成功,如肯尼亚蒙内铁路、雅典外港等,项目落地后迅速提高了当地的经济水平,并逐渐成为区域经济发展的桥梁和主动脉。

目前,"一带一路"投资结构明显呈现向多元化发展的趋势。从涉及产业上来看,2013—2016 年,"一带一路"项目中有 70% 集中在基建能源领域。截至 2019 年底,基建能源投资额占比减少至约 42%,而制造业、服务业、科技业等占比明显提高(约占 58%)。此外,项目形式也从过去的基建、能源建设转变成为基建能源建设、单个产业项目扶持和综合园区开发多种形态。

中国企业"走出去"的模式也经历了升级,从过去"单枪匹马"、各自为战发展成如今的多元协作、互利共生。过去,中国企业"走出去"往往是"单兵作战",每个项目需要单独与目标国洽谈,难以获得目标国的重视与激励,通常也难以独自负担配套工程等高额支出。而如今,"一带一路"讲求协作与统筹,包括政府高度统筹、公私协作的"中哈产能模式"以及多企业协作的"园区模式"。在"中哈产能模式"①下,由国家层面双方领导人率先洽谈合作协议,中央部委与目标国政府职能部门随后推进。园区模式由目标国政府发起或支持,以明确的土地产业规划和激励政策吸引中国和目标国企业,形成产业集聚的园区生态。

但是中国企业在国际化过程中,依然面临着诸多挑战,目标地区的政府、竞争企业和民众等多方面均存在着不确定性。对于企业而言,首要问题是海外融资渠道和规模有限,往往无法获得足够的金融支持,而当地政府往往倾向于大型企业或寡头,中小企业难以获得政策红利。同时,中国企业的到来在某种程度上会对当地的企业发展形成挑战,容易激起当地企业的对抗意识,甚至陷入恶性竞争。

此外,当地民众也可能存在抵触情绪。他们或是夸大潜在失业风险,或是担忧中国企业的投资建设活动会破坏社区或生态环境,对中国企业入驻持排斥的态度。于是,在民众的要求下,政府对外来企业的监管更严格,条件更苛刻,客观上限制了外来企业的发展。

---

① 在中亚五国具有很强的复制性。

面对这些全新的挑战与问题，中国企业也在积极尝试新的解决方案与思路。出海埃及的上海电气在当地所取得的成功，或许可以为中国企业化解在当地遇到冲突提供参考。

案例40 用普惠化解冲突
——上海电气建设汉纳维火电站的启示

2016年1月，在埃及总统的见证下，上海电气与埃及电力部共同签署清洁煤电项目——汉纳维电站项目合同。在开罗的红海度假区，这一迄今为止全球最大的清洁煤电项目正在稳步推进。

然而，刚开始这一项目便遭到当地居民和多个环保NGO组织的持续反对，声称"红海度假区是不能被污染破坏的""旅游业已经受到火电站项目的影响""项目将破坏当地生态系统，危害濒危物种"等。

面对当地居民与环保组织的反对，上海电气深入了解了当地的文化，思考如何能够化解冲突，使火电站真正造福埃及人民。最终，上海电气凭借多项灵活性的普惠措施转变了当地人的态度，确保了火电站的顺利建设。

针对反对中最突出的环境方面的担忧，上海电气不惜增加成本，进一步改良排污技术，最大化降低污染排放，最终排污标准达到世界第一梯队水平。上海电气还建立了污染防治基金，致力于治理现有的红海污染。

此外，上海电力积极为当地居民创造就业机会，提供职业教育。项目实施中大力雇用埃及当地的劳工，在汉纳维火电站一期项目中，除数十人的管理层之外，其余均为埃及本地员工。同时，上海电气在当地建立了电力大学，为当地培养电力专业化人才。

在民众沟通方面，上海电气为当地居民建立了小学、孤儿院等慈善机构，大力支持当地的慈善活动，并积极与媒体合作进行宣传。考虑到当地的宗教文化，上海电气在火电站旁捐资修建了多个清真寺，并与阿訇等宗教领袖沟通，借力宗教来缓和关系，化解矛盾，在当地民众心中树立起良好的形象。

上海电气通过秉持以人为本的沟通与平衡致远的能力，为埃及民生福祉与环境可持续发展做出了贡献。类似地，中国路桥坚持可持续发展，建设蒙内铁路，极大地促进了肯尼亚的民生福祉、环境可持续乃至经济活力。

案例 41　构建可持续的基建交通，开辟共同之路
——中国路桥成功建设蒙内铁路

蒙内铁路由中国路桥承建，连接了东非第一大港蒙巴萨与肯尼亚首都内罗毕，是肯尼亚独立以来最大的基础设施建设项目。这一项目彻底改变了东非铁路的现状。

东非铁路原本主要为窄距铁路（轨距为 1 米或 1.067 米），货

运速度低于20千米/小时，日均货运量不足2 000吨，铁路维护状况差，周边主要为自然村落，缺少相应产业配套，同时缺少环保考虑，经常发生野生动物栖息地被破坏的情况。

围绕这些问题，承建方中国路桥在进行铁路规划时，就开始协同肯尼亚政府在沿线进行工业园招商，向连通东非经济发展最快的"黄金走廊"释放发展势能，并向西延伸至肯尼亚腹地，远期将联通东非六国。同时基于环保方面的考虑，在途经国家公园时，增设动物廊桥，为野生动物的迁徙预留空间。

中国路桥通过在当地经济产业发展和环境保护中的努力，确保了蒙内铁路建设的顺利开展。而在2017年5月蒙内铁路客运航段开通后，新铁路带来的巨大正面效应使其迅速受到肯尼亚民众的好评。

过去，蒙内铁路老化、运量小、晚点停开等状况严重，乘客出行只能选择长途汽车和小型飞机，交通供给不足、价格昂贵。而新铁路将时速从原有老旧铁路的30千米提升至120千米，受到了广大旅客的欢迎，火车上座率维持在90%以上，月送旅客达7.5万人次。货运航线开放后，日均货运量将超8万吨，大大缓解了由于汽车货运造成的蒙内城市间的道路拥堵。

作为连通型枢纽，蒙内铁路极大地改善了肯尼亚城市间的连接性，促进了经济发展。无论是在铁路的建设还是运营，中国路桥均将如何带动当地经济发展作为重点目标。

蒙内铁路的建设共招聘约5万人，其中90%来自肯尼亚当地；共有300家当地企业参与工程分包，金额占总包合同的50%；大

> 大提升货运效率，将蒙巴萨到内罗毕的货物通勤距离缩短至 5 个小时，同时降低货运成本约 79%；预计将拉动肯尼亚 GDP 增长约 1.5%；为肯尼亚培养大量专业的铁路人才，项目中的中肯员工比例约为 1∶10，为肯尼亚培养了 743 名铁路运营人才；引进约 4.5 万名肯尼亚青年赴中国学习铁路运营。
>
> 按照计划，蒙内铁路在未来 5 年内将延伸至肯尼亚周边内陆国家，如乌干达、布隆迪、卢旺达等，帮助这些国家迅速打通进出印度洋的通道，寻求经济发展新的增长点。同时，通过借鉴中国国内"铁路＋产业园"的综合开发模式，开发铁路沿线地区，将东非六国打造为非洲新的发展引擎。

从上述案例中，我们总结出，对于企业而言，为解决全球化语境下的种种不确定性，面临全新商业投资环境与市场，中国企业应当坚持提前预警、敏捷响应、分散缓冲、融合创新、平衡致远能力，从国际化战略选择、组织管理与风控机制、调整与新社会环境的融洽关系等三个角度审视自己的国际化布局。

第一，在国际化战略选择方面，企业需理性预判和评估自身所处阶段，有针对性地迅速建立自身的核心竞争力，做到提前预警和敏捷响应。企业从由国内业务主导发展到全球布点、高效协同的全球化企业不可能一步到位，而是要经历从全球探索者到全球挑战者，乃至全球领导者的分步走国际化路径。

在企业国际化初期，首先需要经历"全球探索者"的过程。在该阶段，企业从涉足经营、生产等单个价值链环节开始试水，初步探索海外运营模式,但业务尚未对海外本土企业或国际巨头构成严重威胁。该阶段企业的核心竞争力仍依赖于母国市场资源,如资本、专利、品牌或特殊人才等。

在全球化第二阶段,企业从"全球探索者"向"全球挑战者"发展,企业在目标市场的区域总部趋于成熟,通过区域总部进一步向周边市场进行辐射,销售额快速增长,但利润率可能会出现波动。这一阶段的企业在部分海外市场成为份额领先的企业,对当地企业或在当地业务成熟的国际企业形成挑战。"全球挑战者"的关键成功要素集中在目标市场的快速适应和分散运营能力,如低成本的本土化生产与高效运营、契合当地市场需求的技术和设计创新等。

在继续发展阶段,"全球挑战者"将向"全球领导者"转型。在该阶段,全球化企业的销售额增长将趋于放缓,但经营利润开始提升。企业在主要国际市场占据领先份额,将全球作为一个市场来整体经营。"全球领导者"的成功将取决于不同国家市场之间的有效协同,对全球资源配置优化、全球技术、经验、知识共享和全球风险管理等能力提出要求。

第二,在组织管理与风控机制调整方面,注意分散缓冲和融合创新,根据不同阶段决定管理架构的重点,建立有风险抵御能力的组织与风控机制,运用创新方式和人才。

对于初级"全球探索者"企业,管控重点在于实现业务拓展效率与风险有效管理之间的平衡。因此,在组织架构上仍然以总部主导为主,配备具有创业冒险精神的专门团队进行全球化拓展,同时单线受总部支配。

对于"全球挑战者"企业，随着对当地业务的挑战加大，业务推行的阻力也可能增加。因此对企业本土化提出了更高要求，管控重点转变为全球范围内合理配置资源，有针对性地对重点国家或地区进行扶持，抵御风险，快速占据市场，形成优势。在该阶段，总部将承担识别重点市场并制定战略目标的角色，企业同时需要具有创业者精神的管理者和谙熟当地市场情况的职业经理人，总部与重点市场之间的汇报线保持简短直接，保障重点市场分公司能获得足够的资源和管理层的关注。

对于已成长成为"全球领导者"的国际企业，管控重点则转变为维持企业整体的国际化和地区分支的本土化，实现全球利益的最大化。在该阶段，组织构架应集中关注如何将国内、国际两个层级的管控完全打通，实行矩阵式管理，总部承担总体战略和财务管控，地区分支分担战略实施、风险控制的角色，实现总部与分支、国家与国家之间的相互协同。

第三，在新社会环境的融洽关系方面，要平衡致远，尊重和融入当地社会。全球化企业在"一带一路"沿线市场取得成功，还需要尊重和融入当地社会，企业、产品和文化需要取得当地社会与民众的认可。

一方面，在打造良好的外部形象上，要注重与多元利益主体紧密合作。可通过与社群组织等民间力量建立良好关系，获得认可，也可通过与国际组织、NGO等建立合作对话、合办公众活动等，建立良好的企业社会形象。

第11章 中国的韧性

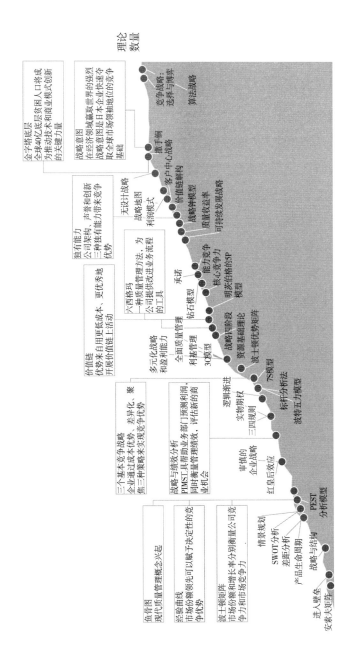

11.4 基业长青的企业战略理论变迁

资料来源：波士顿咨询《战略的本质》，BCG分析

另一方面，在企业内部管理上，应加大企业社会责任评估的比重，将当地经济、社会及环境影响方面取得的成绩纳入管理者考核范围，以此鼓励地区分部积极投身当地慈善与民生项目，获取当地民众的支持。

特别地，对于央企与国企而言，更应在国际化布局中肩负起争做"世界一流企业"的责任。在蒙内铁路建设项目中，中国路桥作为中国央企，积极地践行了社会责任。对于国企与央企发展，国家明确提出了争做"世界一流企业"的期望和号召。那么，如何打造"世界一流企业"？

自20世纪60年代以来，大量企业战略理论纷纷涌现。BCG曾出版《基业长青》报告探讨企业战略的核心以及企业发展的要素，并持续优化我们的企业战略理论。

我们参考基业长青的企业战略理论，结合宏观发展趋势与国家对央企的要求，得出世界一流企业应当满足"强""优""大"三个维度："强"指的是行业领军的产品服务、运营、技术等专业能力、全球资源配置能力以及创新数字化能力；"优"指的是有效抵御外部风险，长期保持行业领先的效益和价值创造水平，并带来积极正面的全球社会影响力；"大"指的是业务规模大，位居全球行业领先水平。在三大维度下，进一步细分出七大要素，这七大要素包括：

1. 专业领军。拥有较强的行业综合影响力，产品服务能力、综合运营效率业内领先。

2. 全球最佳资源配置。拥有较强的全球经营能力，在全球高

第 11 章 中国的韧性

效调配资源实现市场、人员、运营等的合理布局。

3.创新和数字化。充分利用数字化等创新技术手段，有效开展企业创新，引领业务发展。

4.价值创造。盈利水平和资本运作效率较好，可以创造高于行业平均的价值回报，为企业利益相关方持续创造价值。

5.可持续发展。业务组合优质，组织管理有效，能有效抵御风险，实现长期健康发展。

6.总体社会影响力。企业对社会、环境等方面带来积极正面的影响，国际美誉度高。将社会和环境影响作为战略和价值创造的驱动力。

7.业务规模。企业的业务收入规模位居行业内领先地位。

满足"强""优""大"三个维度、七大要素的企业方可称之为"世界一流企业"。

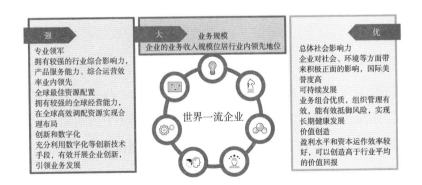

图 11.5　具有全球竞争力的世界一流企业应满足"强""优""大"的三个维度、七大要素

第四节　个人韧性：迎难而上的顽强力量

在时代发展的洪流之中，个体的韧性也发挥着不可磨灭的作用。面对种种危机与不确定性，一个个个体所表现出的顽强韧性撑起了家庭、企业乃至社会的一片天。

他／她或是参与新冠抗疫的一名企业家，面对疫情导致的生产中断与销售受阻，他／她通过调配物资、调整产线、让渡利润、共享资源，以一己之力疏通了救援网络的节点，缓解了一个地区的资源紧缺态势。

他／她或是援鄂一线的"最美逆行者"，未对飞涨的感染病例数感到一丝紧张，却坚守在医护岗位，甚至主动请缨前往疫情高发地参与疫情防控。在疫情期间援鄂的 346 支医疗队中，医疗队员达到 4.26 万人，其中六成以上为女性医务人员[1]，彰显抗疫"她"力量。

他／她或是经济下行期勇于创业的创业者，不畏惧低迷的宏观环境与萎缩的市场需求，勇于开辟新的赛道，寻觅新的商业机遇。根据伦敦咨询公司 UHY，2010 至 2014 年间中国初创企业数量翻了一倍，于 2014 年达到 161 万家，这一增速是排在第二名的英国的两倍[2]。

---

[1] 2.8 万名女性医务人员：抗疫中的女子力不应被遗忘，澎湃新闻。
[2] Where start-ups succeed, UHY.

第 12 章 构建高韧性社会,实现高质量发展

第一节　打造高韧性社会新范式

从日本社会对地震的预警应对到新加坡政府对新冠肺炎疫情的敏捷响应，从中国中央政府与地方政府分工合作有效应对疫情到日本丰田的后备缓冲备份力助企业渡过危机，从颠覆创新的特斯拉与马斯克让传统汽车行业倍感危机到中国城市应用新技术打造可持续性发展的新探索……我们从一个个案例中看到韧性在政府、城市、企业、个人中的支撑力量。

从这些案例与总结中我们对如何建设高韧性社会提出五个阶段、八种能力以及二十一条具体行动方案。让我们来回顾一下这些机制。

高韧性的社会应当是有危机感的（充分预警）、民心所向的（敏捷反应，上下协同）、充满智慧的（以抗压恢复能力应对危机）以及富有远见的（布局未来），由此才可能肩负起人类命运共同体的责任，构建"韧性社会"。

韧性的建立并不容易，不过一旦我们建立起这样的高韧性社会，当我们面对层出不穷的挑战与危机时就可以更加自信，勇敢地采取行动。

十年前的大洋彼岸金融危机引发了汽车行业震荡，一场面对整个行业的救助行动旋即展开，从这场美国政府大胆出手救市，以一系列的举措成功重振底特律汽车业行动中，我们可以看到构成韧性的各个要素在其中究竟如何发挥着作用，以及它们中的每一个要素扮演的角色都不可或缺。

案例42　危机下的"全面重组"[①]
——2008年美国政府紧急救助汽车业

2008年，被奥巴马称为"美国制造业的脊梁"的汽车业经历了一次残酷重生。在全球金融危机的冲击下，由于现金流变得异常紧张，美国汽车三巨头（The big three）通用、福特[②]与克莱斯勒不得不共同向美国政府申请250亿美元的低息贷款，以帮助他们渡过难关。

但想要得到政府的救助并不容易。"我们想看到车企对未来的承诺，他们应该有一个清晰的重组计划，包含全新的商业模式和

---

① RATTNER S. Overhaul: An Insider's Account of the Obama Administration's Emergency Rescue of the Auto Industry.
② 福特后来撤销对政府救助的申请。

商业计划。"美国政府对车企提出了四方面的要求，在满足的情况下才会批准资助：业务可持续、产品节能、劳工成本合理且债券持有者同意债务重组。为此，美国政府专门组建了"总统特别工作组"（Presidential Task Force on the Auto Industry，PTFAI）对车企递交的重组计划进行评估，BCG 也参与其中。

在短短三周之内，BCG 协助美国政府迅速评估了通用与克莱斯勒重组计划，包含建立现金流与风险暴露的预测模型，评估重组方案对上下游经销商、供应商的影响，评估产品组合的成本收益及销量等，每项评估都包含对不同场景的建模分析与敏感性测试。

2009 年 3 月 30 日，美国总统发表讲话表示，通用与克莱斯勒递交的救助计划未能达到政府的要求，但政府允许为两家车企延长 30~60 天的准备期。[1] 于是，通用与克莱斯勒不得不重新审视其重组计划，进行大幅调整。

接下来，BCG 与通用和克莱斯勒的团队肩并肩，共同制订更完备的重组计划。不过实际上，这并不是 BCG 与通用的第一次接触。

早在全球金融危机的 3 年前，BCG 便通过一系列汽车行业洞察与对通用的诊断材料，向通用发出了警示，"我们已发现诸多的迹象，预示着通用正在面临潜在的危机，通用已经显现出病况"。然而可惜的是，彼时的通用并未当真，只是表示"这挺有趣，但这对我们来说不是问题"。过度的缺乏警觉导致通用在 3 年后坐在了

---

[1] *Obama's Announcement on the Auto Industry,* The New York Times.

"被救助者"的位置,不得不思考如何才能跳出当下的窘境。

如果他们更早地跳出固有的思维,更开放地接纳外部的观点与警告,更早地关注到并且严肃思考下降的市场需求、落后的产品组合、缩水的市场份额、糟糕的产品认知、过高的销售激励等种种指标,便能更早地意识到危机其实早就迫在眉睫。

针对发现的问题,我们在重组方案中一一提出了解决对策。

首先,精简产品、品牌、工厂与经销商网络,包括建议通用加速关停悍马(Hummer)、萨博(Saab)、土星(Saturn)、庞蒂克(Pontiac)等品牌,暂时性或永久性地关停工厂以减少存货积压,① 两年内减少主要的经销商网络,将研发费用集中运用于盈利的产品品牌等。将产品、品牌、工厂划分为不同类别、不同模块并相应地倾注不同资源,将有助于隔离风险、优化业务表现。我们通过对标发现,本田通过模块化运作其旗下的不同工厂,保障产量布局和调整的灵活性,应对市场需求波动,且总产量保持平稳,这是值得借鉴的经验。

其次,以债转股的形式进行债务重组。在破产重组后,通用的债务减少了一半,降至320亿美元左右,克莱斯勒的债务下降了1/3,至50亿美元左右。随着2010年通用上市,美国财政部逐步减持出售了其拥有的通用股份。从债权转为股权,政府从债权人变为投资人,车企负担也得以减轻,在业务运作上有了更大的灵活

---

① BCG建议通用2009年在7~9周时间内暂时性关停工厂,到2010年之前永久关停14家工厂。

性和流动性。

最后，适当地引入合作伙伴以分担资金压力，我们帮助克莱斯勒引入了另一家车企菲亚特，建立双方的合作伙伴关系。菲亚特帮助克莱斯勒改善管理、提升技术的同时，还帮助克莱斯勒逐步偿还了负债，并协助寻找融资。

在BCG以及一众专业机构的帮助下，最终通用与克莱斯勒的重组计划被评估通过，获得了美国政府600余亿美元的紧急救助。

这场救助不仅对车企而言是一场巨大的考验，对于美国政府而言也是一场如履薄冰的尝试。政府首先面临的难题便是，政府到底能不能、应不应该出手救助，其次是该怎么救。

政府不得不求助于各类专业机构，思考如何能最有效地帮助汽车行业走出泥淖。美国政府与投行、律所、咨询机构、汽车行业专家等一系列的专业机构进行会谈商讨。[1]多方外部意见首先帮助政府打破了"政府是否应该救助"的迷思，即在美国这样的市场经济之下，政府是否应该介入私营企业的运营进行救助。经过反复思索，美国政府确认了救助的出发点在于保证实体经济及就业的稳定性，并坚定了救助的决心。

充分结合外部专家意见还帮助政府高效地解答了许多难题，加速了整个决策和救助流程。诸如如何评估重组方案是否可行（viable）？重组方案应如何规划不同债权、股权的比例和优先级？

---

[1] *Big Three Seek $34 Billion Aid,* The Wall Street Journal.

如何满足退休员工的福利？政府介入应该保持在什么水平？在吸纳各方专家意见后，美国政府最终选择了重组计划与借款救助结合的组合拳。

与此同时，时任美国总统先后进行了两次总统讲话，在宣布救助决策的同时安抚了民心，向公众沟通了政府决定救助的初心。在讲话中，总统坦承汽车行业的一落千丈"不是工人的错，不是任何家庭或社区的错，而是领导层的失败——从华盛顿到底特律——导致我们的汽车企业走到了今天这一步"。他明确指出了干预的必要性。"作为一个国家，我们再也无法推卸责任，是时候直面问题，采取对策……我们一定不能，也不会让我们的汽车业彻底消失"。

这一大胆的救助后来被证明是成功的。从财务表现上来看，通用的息税前利润从 2009 年的 –210 亿美元变为 2011 年的 69 亿美元，克莱斯勒的息税前利润从 2009 年的 –34 亿美元变为 2011 年的 21 亿美元。从产品组合上来看，2011 年通用四个品牌[①]在美国的市场份额甚至超过了 2007 年时的水平，克莱斯勒的市场份额也在逐渐回归，从 2009 年的谷底 8.9%[②]逐渐恢复至 2011 年的 10.6%，接近 2008 年的水平（10.8%）。

亲历汽车救助事件的金融家兼记者拉特纳先生在其撰写的回

---

① 别克（Buick）、凯迪拉克（Cadillac）、豪华型商务旅行车（GMC）、雪佛兰（Chevrolet）。
② 指美国国内市场份额，包含克莱斯勒（Chrysler）、吉普（Jeep）、道奇 Ram（Dodge）四个品牌。

第 12 章 构建高韧性社会，实现高质量发展

> 忆录中表示，"底特律汽车业救助仍然属于十分少见的政府干预，但至少在我看来，这显然成功了。底特律应该算是相当幸运的"。①

在这场美国政府对汽车工业的救助与重振中我们看到了韧性的价值所在，快速反应、事前预警、业务模块化与可持续发展、多元化与协作、融合创新、动员沟通等构成韧性社会的要素在这一过程中均有所显现。这些要素共同构成合力，帮助美国汽车工业最终走出泥淖。在这场复杂而又艰巨的工作中如果少了任何一种构成韧性的元素，都有可能影响这场救助的效果，甚至面临失败的风险。

在危机之中，不仅是政府，具备高韧性的企业也往往能够更快地从危机中恢复，甚至逆势增长。实际上，越是危机，高韧性的主体越能脱颖而出。

BCG 的研究表明，尽管危机时刻可能只占据总研究时期的 11%，但高韧性企业在危机期间的股东总回报（TSR，total shareholder return）贡献能够占到总研究时期股东总回报的 30%。也就是说，危机时的表现带来的影响远超平时。进一步研究发现，危机越深，对长期表现的影响越大，高韧性企业能够收获的价值就越大。当危机时期占比超过 30% 时，危机时期的 TSR 可能达到平时 TSR 的 5 倍多[2]。

---

① *Bailing Out the Big Guys,* The New York Times.
② Becoming an All-Weather Company, BCG 亨德森智库.

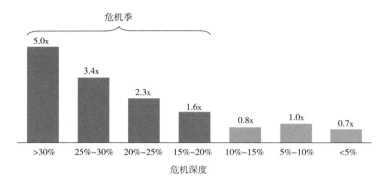

注：股东总回报在危机季开始期间的最大降幅用来进行危机深度分类。

图 12.1　危机深度对长期绩效的影响
资料来源：Sap Capital IQ，BCG Henderson 机构分析。

保持长期韧性企业的典范是伯克希尔·哈撒韦公司。1995—2020 年，它凭借着多元化的金融领域布局每年保持着超出同行业 2% 的业绩表现。而在危机时期，它能超出同行业 61%。在我们识别出的过去 25 年间的 17 个危机时期中，它在 15 个危机时期都超越了同行业。

"永远不要浪费一场好的危机"（Never waste a good crisis）这句话在新冠肺炎疫情肆虐、人们对未来的预期变得不再狂热自信时，被众多企业家、社会学者频频提起。

如果我们去拆解人类对于危机的定义，便会愈加感到"crisis"这个单词的涵义。英语中的"crisis"来自拉丁语，它最初只是一个医学术语，指"病情关键期"，即人体的自然治愈力与疾病做决定性斗争的时期，是疾病变好或变坏的关键时刻。西方医学

第 12 章 构建高韧性社会，实现高质量发展

奠基人希波克拉底在《论流行病》中指出："医生必须注意病情关键期，应知道这是决定生死或者至少病情变坏或好转的关键时刻。"

请注意，在这里危机只是一种转折，它是人体走向生或死的转折。倘若这是一场人体与病毒的斗争，在度过"crisis"的那一刻，也就对侵袭的病毒有了常人难有的抵抗力与免疫力。

在中国文化中，危机由"危"与"机"两个字构成，它的一半是危，另一半则是机，危险与机遇总是相伴相生。在中西方文化之中，人类的智慧在这样的认知中达成了巧妙的统一。

回顾人类发展历史，每一次危机中都涌现着机遇，危机与机遇实为孪生。[①] 在危机应对过程中，人类社会逐渐走向成熟，一次比一次更能应对突如其来的可能导致人类社会走向崩溃的不确定性。而我们也从其中发展出韧性，持续磨砺韧性。

人类曾不止一次面对疫病的大侵袭，除了死亡与恐惧的苦痛，它还为人类留下了点燃下一场文明的星火。不确定性危机的发生，在某种程度上促进了人类社会的发展。

14 世纪，黑死病肆虐欧洲。在六七年时间里这场传染病导致欧洲 2 500 万~3 000 万人死亡，约占当时整个欧洲总人口的 1/3。一些历史学家却认为，正是黑死病的恐怖阴影，人们开始怀疑中世纪教会，倡导科学和理性、追求现世的快乐，这成为文艺复兴的核心思想——人文主义精神。历史学家同时认为，它客观上推

---

① Sensing and Shaping the Post-COVID Era, BCG 亨德森智库.

动了西方医学的发展和现代医疗体系的兴起，劳动力的大量短缺也使科技在生产中的重要性进一步提升。因此有人认为，黑死病加速了启蒙时代，以至塑造了欧洲历史的道路。[1]

当惨烈的第二次世界大战暴发，男人拿起武器走上战场，妇女开始被鼓励参与工作，她们在第二次世界大战中扮演了重要角色，社会也越发认识到女性与男性之间权利平等的重要性。与之相应，社会、法律等各方面障碍开始被移除并延续了下来。由此可以认为，第二次世界大战在某种程度上推动了女性劳动力的参与。[2]

2003年暴发的SARS则对中国电商发展历程产生了重要影响。人们因为疫情蜗居家中，为了避免外出购物导致可能的感染开始以更大的热情接纳在线零售。在短短几个月的时间里，中国的电商公司迅速渗透人们的生活之中。在之后的很多年里，舆论都认为中国互联网企业的崛起，甚至是中国的网络化进程都因此而受益。

2020年突如其来的新冠肺炎疫情被认为加速了"低接触时代"的进程。新冠肺炎的无症状感染特性使得隔离与保持社交距离成为重要的抗疫指南。在隔离政策下，在线办公、远程视频会议、在线教育、社区团购等新业务形式迎来重大发展机遇。数字化的生活方式不再是可选的选项，而是成为必然选择，人们不得不学

---

[1] *The Great Leveler*（Scheidel, 2017）.

[2] *Shocking Labor Supply: A Reassessment of the Role of World War II on U.S. Women's Labor Supply*. 2013.

会远程协作，学会在线上重塑原有的社交行为与交互方式。

第二节　高韧性社会与高质量发展

在危与机交错的时代，我们能够感知到这个世界正在发生的躁动与变化，社会新的范式正在形成，无论是新科技、新格局、新组织，还是新理念。

新科技：随着人工智能、5G、云计算、机器人、无人驾驶等正在渗透人类生活，人类工作的本质已在由"人类操作"（human-operated）向"人类创造"（human-designed）（机器践行）转变。万事万物数据化后可以为我们应对危机提供便利高效的新工具，但同时也需谨防泄露风险，以及数字鸿沟可能扩大后带来的进一步割裂与挑战。

新格局：随着各生产要素的发展、流动与重新布局，全球格局发生着重大变化。发达国家经济增长动力不足，未来相当长时间难以发挥世界经济引领者的作用；新兴国家和发展中国家虽在人口、资本等方面优势突出，但创新资源仍在积累过程中。世界已"破"，一旦创新驱动力重塑、国家定位重构、国际秩序理顺，新经济平衡即有望再"立"。

新组织：群众的力量愈发凸显，组织治理的形式从过往的"一对多"（侧重权威发声）到现如今的"多对多"（大众化互动）转变，社区、街道等更多基层"触点"被高效调用起来，在危机应对中协同发挥组织管理职能。而基于网络的虚拟组织更是一种突破性的组织模式创新。

新理念:"低接触时代"的提出背后是由来已久的集体与利他意识,在"包容性""平等"被着重强调的当下逐渐成为深入人心的理念。同时,企业与机构也必须树立"以人为本"意识,将人民的健康与福祉放在首位。

新的范式更加错综复杂,衰败与兴盛每一秒都在同时发生。绝对危机中衰败与否的核心秘密是什么?很显然,就是机体的韧性,如果想要在危机到来之时不被"危"所打到,捕获到别人难以捕获的机遇,依靠的就是面对危机时的韧性,只有不被杀死,才有可能更加强大。

从某种程度上,人类自身正是对韧性的依赖与传承,我们的祖先一次次与病毒、与环境等搏斗并共存,将所得到的一点一滴的进步写进我们的血脉。

我们需要思考的是,在任何事件都有可能带来"危"与"机"时,我们如何不被不确定性打倒,紧紧握住稍纵而逝的机遇,答案在我们自身,一层层抽丝剥茧之后,最终的答案是韧性。唯有自身韧性的强大,方是穿越危机的唯一钥匙。

我们身处一个不确定的时代。为应对这个复杂的时代,我们需要利用新技术、新力量的崛起与发展建立高韧性社会新范式。高韧性社会不但让我们学会应对危机的方法,而且让我们学会面对未来,如何实现全方位的高质量发展。

构建高韧性社会是实现高质量发展的应有之义。当前世界正处于百年未有之大变局,我国仍然处于重要战略发展机遇期。

面对错综复杂的国际国内环境，只有构建起高韧性社会，才能为经济、文化、生活等方面实现高质量发展奠定基础，才能为实现"两个一百年"奋斗目标与中华民族伟大复兴中国梦不断贡献力量。

后　记

　　我是2003年从美国回国后加入到波士顿咨询公司北京办公室的。在美国学习和工作的五年使我认识到，美国经济中富有活力的一面，包括与实践紧密结合的顶尖学术环境、强大的宣传机器、善于吸引和吸收移民的开放社会以及丰富成熟的企业发展管理经验。但1999年我在抵达美国不久后也逐渐意识到美国社会存在很多不可调和的深刻矛盾，当时的美国无论在道德还是社会治理都在走下坡路，虽然表面是强大的超级大国，我并不能认同美国是世界未来发展最佳的解决方案。尽管中美实力差距较大，未来可以也应该属于中国，而中国应该在充分学习和吸收美国以及全球其他国家先进经验的基础上，寻找自己的道路。

　　波士顿咨询公司作为全球最强的智库，吸引我的不只是无比强大的知识和智力平台，而且是公司"改变世界"而不只是谋求私利的文化。能够把全球最强的智力平台应用在中国客户身上，帮助中国加快学习全球最佳实践，解决亟需的发展中的问题，是我当时能想到的最佳路线。18年前我们80%的项目是全球企业在中国的战略、营销和投资运营类项目，也有20%的国企和民企项目。我参与的很多项目是把美国和欧洲先进的方法论移植到中国，而我们的中国的客户都如饥似渴的学习、借鉴，对标国际最佳实践。但慢慢地，事情开始转变。随着国内企业规模的成长和管理的逐渐成熟，我们的国内客户越来越多，现在这个比例应该倒过来了，是80%中国本土客户（包括国企、民企以及政府客户）和20%国际客户。和中国本土客户工作给我带来的挑战和成就感是巨大的。国内企业和政府的活力和动力远远超过我在美国和欧洲工作时所看到的。在中国万事皆有可能，无论多少艰难险阻，我们总要杀出一条血路，闯出一片新天地。我们不止是在帮客户优化现有的模式，而且经常在创造新的规则和新的世界。尤其是跟中国客户合作时，我们越来越多地面对独特的挑战，摸索独特的解决方案。我们创造和累积的方法论和最佳实践已经开始输出到其他国家和客户。

2020年新冠的暴发和大流行，对全球所有国家都是一次巨大的考验。而在中国，从最初的惊心动魄到众志成城，无数人经历了波澜壮阔的时刻，进行了奋斗和做出了奉献。我亲身经历所有中国项目在两个月的封城期克服困难如期完成，所有客户取消休假在一线防疫、复产和建设奇迹，也经历迅速总结全球危机经验，推出给政府和企业恢复经济和生产的建议。在和我们的政府和企业客户讨论时，大家信心一直在，方法也一直找，新的机遇在一直抓。只要信心在、民心在，挑战就可以转化为我们最大的机遇。2020年上半年我们还有不少全球客户在探讨部分产业环节转移出中国，以保障全球供应链的安全。而到2020年下半年，情况发生了反转，中国成为全球唯一正增长的主要经济体，也是未来几年

后 记

全球发展的主要动力。很多客户正在考虑加大在中国的投资，尽管全球主流媒体仍然在集中负面报道中国，也有一些客户和政府在反思可以从中国身上借鉴到哪些经验——尽管这些理性的声音还是太少了。除掉意识形态的争论，很多最佳实践是应该由全人类共享和共同发展的。美国不再是唯一的解决方案，中国应该为世界提供另一种可以参考的发展和治理方式。这也是我们在疫情初期为国内政府和行业客户做的应对危机和不确定性建议基础上，借鉴大量全球案例分析和波士顿咨询全球专家的智慧结晶，同时紧密结合中国的经验和发展，提出一个建设"高韧性社会"的中国解决方案。

本书的撰写凝聚了众多 BCG 全球同事与外界伙伴的智慧和帮助，是一本实实在在的集体劳动的成果。我的合作作者 BCG 全球合伙人马丁·李维斯在不确定时代的战略、布莱恩·科利在全球汽车行业案例、钱文森在全球政府案例、阮芳在组织和领导力方面都给予了大量的支持。

我们衷心感谢 BCG 全球各领域专家、同事、社会各界合作伙伴以及 BCG 校友们对本书的大力支持。由衷感谢 BCG 全球合伙人泽维尔·莫斯奎特、沙利尼·温尼克南为本书所提供的灵感和洞见，以及校友王立铭提供的生物领域方面的专业见解和杨冉提供的金融领域专业见解。

在本书撰写过程中，我们引用了大量 BCG 在各个领域内出版物的资料，在此也向出版物的贡献者致谢——安妮卡·扎瓦兹基、本·艾勒、比坦·达塔、陈白平、陈庆麟、陈晓白、丹·沃尔德、大卫·杨、道格拉斯·比尔、邓俊豪、埃德扎德·威塞林克、范乐思、菲利普·特里谢、菲利普·塞伦斯、郭凯、何大勇、杰罗德·格拉斯霍夫、贾斯汀·曼利、卡斯滕·韦根、卡拉利·克罗斯、凯文·惠特克、康拉德·冯·塞切潘斯基、克里斯蒂安·格雷泽、克里斯多夫·莱、克里斯多夫·梅特、克里斯多夫·罗斯巴勒、克劳迪奥·尼泽克、柯米特·金、孔明德、拉贾西·巴塔查里、拉尔夫·德雷施迈尔、拉蒙·贝扎、理查德·哈钦森、李瑞麒、刘恭毅、刘一沛、陆怡、鲁尼·雅各布森、马克·吉尔伯特、马特·克伦兹、马特奥·科波拉、迈克尔·麦卡杜、梅根·迪佛、尼古拉斯·朗、诺伯特·吉特弗里德、帕斯卡尔·沃格特、塞耶莎·汉娜、莎拉·瑞兹、沙尚·莫迪、上田大知、斯玛·班索尔、斯蒂芬·博克特勒、苏梅·南达、苏雷什·苏布迪、孙川、孙向明、托马斯·帕尔默、托马斯·普福勒、瓦莱丽·维拉弗兰卡、韦罗妮卡·周、韦尼特·维杰瓦吉亚、维沙尔·梅塔、温迪·伍兹、沃尔克·冯霍夫、肖卡特·罗伊、西蒙·莱文、徐勤、许铭、张莹、冢坂美纪、祖宾·莫古尔。

最后，特别感谢BCG顾问团队朱晖、江琳、解喆、周杰、谷亚梅、周显坤、刘瑶、杨吉、宋爽、严文欣与分析师团队为本书的撰写所提供的帮助和支持，也特别感谢BCG市场营销团队与中译出版社为本书的出版与宣传所提供的支持。

2021牛年将至，未来的不确定和危机还会到来，但我相信，我们在正确的路上。我们可以改变世界，我们可以创造一个更多元、更包容、更坚韧的新世界，未来就在危机中孕育。

本书参考报告

1. 阮芳，郭凯. 组织韧性，赢在下一个十年. BCG、K50.

2. 陈白平，陆怡，刘恭毅，托马斯·帕尔默，孔明德，鲁尼·雅各布森，范乐思. 中国气候路径报告. BCG.

3. 徐勤，张莹，孙川，道格拉斯·比尔，韦罗妮卡·周. 中国ESG投资发展报告：方兴未艾，前景可期. BCG.

4. 李瑞麒，马丁·李维斯，凯文·惠特克，理查德·哈钦森. A Leadership Agenda for the Next Decade（制胜下一个十年）. BCG亨德森智库.

5. 大卫·杨，温迪·伍兹，马丁·李维斯. 收获社会和商业价值双赢. BCG亨德森智库.

6. 陈庆麟，尼古拉斯·朗，沙尚·莫迪，邓俊豪，康拉德·冯·塞切潘斯基. 抗击新冠，中国数字化生态系统当记一功. BCG.

7. 刘一沛，陈晓白，许铭，孙向明. 崛起中的超级城市群：愿景、挑战与应对举措. BCG.

8. 马丁·李维斯，苏梅·南达，凯文·惠特克，埃德扎德·威塞林克. Becoming an All-Weather Company（成为"全天候"的韧性企业）. BCG亨德森智库.

9. 马丁·李维斯，西蒙·莱文，上田大知. The Biology of Corporate

Survival(师从生物界,看企业生存之道). BCG 亨德森智库.

10. 杰罗德·格拉斯霍夫,马特奥·科波拉,托马斯·普福勒,斯蒂芬·博克特勒,诺伯特·吉特弗里德,帕斯卡尔·沃格特,卡斯滕·韦根. 2020年全球风险报告:银行业自我颠覆正当时. BCG.

11. 杰罗德·格拉斯霍夫,托马斯·普福勒,马特奥·科波拉,祖宾·莫古尔,瓦莱丽·维拉弗兰卡,诺伯特·吉特弗里德,沃尔克·冯霍夫,卡斯滕·韦根. 打造面向未来的银行风险管理职能. BCG.

12. 杰罗德·格拉斯霍夫,托马斯·普福勒,诺伯特·吉特弗里德,菲利普·塞伦斯. The brave new era of comprehen-sively regulated banks(全面监管银行的新纪元). BCG.

13. 范乐思,阮芳,何大勇. 中国企业需把握当下,赢在"后疫情时代". BCG.

14. 范乐思,拉蒙·贝扎,克里斯多夫·莱,克里斯多夫·梅特. Crisis Can Spark Transformation and Renewal(危机酝酿转型与新生). BCG.

15. 柯米特·金,丹·沃尔德,贾斯汀·曼利. Advantage Beyond the Crisis(化逆境为助力). BCG.

16. 本·艾勒,比坦·达塔,梅根·迪佛,马克·吉尔伯特,克劳迪奥·尼泽克,迈克尔·麦卡杜. Designing Resilience into Global Supply Chains(打造全球供应链韧性). BCG.

17. 冢坂美纪,克里斯蒂安·格雷泽,马特·克伦兹,马丁·李维斯. 制胜下一个十年:企业多样性势在必行. BCG 亨德森智库.

18. 拉尔夫·德雷施迈尔,卡拉利·克罗斯,菲利普·特里谢. The Digital Imperative(数字化势在必行). BCG.